분단 70년의 남북관계

분단 70년의 남북관계

초판 1쇄 발행   2016년 6월 30일

엮은이 ㅣ 경남대학교 극동문제연구소
펴낸이 ㅣ 윤 관 백
펴낸곳 ㅣ 도서출판 선인

등   록 ㅣ 제5-77호(1998.11.4)
주   소 ㅣ 서울시 마포구 마포대로 4다길 4 곳마루 B/D 1층
전   화 ㅣ 02)718-6252/6257
팩   스 ㅣ 02)718-6253
E-mail ㅣ sunin72@chol.com

정가 15,000원

ISBN   978-89-5933-985-3   94300
ISBN   978-89-5933-984-6   (세트)

· 잘못된 책은 바꿔 드립니다.

경남대학교 극동문제연구소 분단70년 특별기획시리즈 ①

분단 70년의 남북관계

경남대학교 극동문제연구소 편

❧ 서문 ❧

분단 70년의 세월이 지나갔다. 70년이라는 오랜 세월이 흐르는 동안 남북한은 서로 다르게 변화했으며, 분단질서는 아직 지속되고 있다. 이러한 현실 속에서 통일당위론을 내세우고 정형화된 해법을 제시하는 것만으로는 분단의 제약을 극복하고 통일을 달성하기가 어렵다. 따라서 이 책의 필진들은 기존 통일연구 및 남북관계의 접근법과 문제의식에 대한 반성과 성찰을 토대로, 분단과 통일의 논의에 대한 새롭고 창의적인 접근법을 모색하였다.

이러한 문제의식에 기초해 필진들은 우선 분단에 따른 남북한의 변화를 다양한 층위와 수준에서 체계적으로 정리했다. 일련의 세미나와 기획회의를 통해 분단 70년의 한반도를 입체적으로 조망하는 것과 더불어 기존에 논의하지 않았던 접근법은 무엇인가에 대해서도 심층적으로 토의했다. 한반도 분단의 주요 당사자가 남북한이라는 점에서 남북관계의 주요 쟁점사항을 분석함과 동시에 한반도 분단을 둘러싼 국제관계라는 시각에서 고찰했으며, 사회·문화연구를 통해서 남북한의 이질적 문화와 정서가 주는 함의에 대해서도 연구를 진행했다.

본 연구서 시리즈는 분단 및 통일 관련 주요 이슈를 '남북관계', '국제관계', '남북한 사회·문화'로 분류했으며, 총 3권의 17편의 논문으로 구성되어 있다. 이 책에서 다루고자 하는 내용을 개괄하면 다음과 같다.

제1권 남북관계 편에서는 남북관계의 본질적 특징, 남북협상의 경과와 특징, 정전체제와 분단체제, 남북한 경제협력 등을 주요주제로 다루었다. 먼저 김근식은 지금까지의 남북관계를 검토한 후 김대중·노무현 정부의 화해협력의 남북관계, 이명박 정부의 남북관계의 한계와 교훈을 고찰한다. 그리고 최근 남북관계의 구조적 변화를 지적하고, 남북관계의 딜레마 해소를 위해 '포괄적 평화'의 필요성에 대해 역설하면서 남북관계의 새로운 접근법으로서 '중년부부론'을 강조한다.

신종대는 남북 간의 주요이슈였던 7.4 남북공동성명, 1991년 남북기본합의서, 2000년 6.15 공동선언, 2007년 10.4 선언 등에 대한 분석을 통해서 남북관계의 발전과 악화는 국제환경보다는 상당부분이 남북한 당사국의 책임과 역량 문제가 좌우한다고 주장하고 있다. 탈냉전기는 물론이고 냉전기에도 남북한이 하기에 따라서는 국제환경의 규정력 속에서도 보다 진전된 남북관계를 만들어 갈 여지가 있었다는 것이다. 이를 발견하고 교훈으로 삼아 발전과 지속을 겸비한 남북관계를 발명해야 한다고 강조한다.

서주석은 정전체제가 한국전쟁 이후 고착화되면서 각종 긴장의 원인이라는 점을 지적하면서 정전체제에서 평화체제로의 이행을 위한 방향을 모색한다. 또한 남북한 간 긴장과 갈등의 지속은 한국전쟁 이후 정전협정에서 합의한 정치회담이 제대로 열리지 못했기 때문에 전쟁 재발 방지 및 준영구적 평화체제를 확보하지 못하여 발생하고 있다는 점을 지적한다.

양문수는 남북경협의 역사적 전개과정을 살펴보면서 남북경협의 태동기부터, 김대중·노무현 정부시대와 이명박·박근혜 정부시대의 남북경협정책을 비교·평가한다. 남북경협의 위기와 원인을 분석하면서,

남북경협의 재개와 활성화를 위한 향후과제로써 '남북경협 전반에 대한 재검토', '정부와 민간의 적절한 역할 재분담', '정치적·군사안보적 여건과 남북경협의 관계 재정립' 등을 제시한다. 또한 우리사회 내 최소한의 합의를 도출하기 위해 민간차원의 경협과 정부차원의 경협을 분리하고, 이에 따라 민간과 정부의 역할을 재분담하는 방안을 주장한다.

박순성은 분단 70년 동안 남북한이 분단, 통일, 남북관계 등과 관련하여 발표한 담론과 정책, 그리고 남북한이 채택한 합의에서 분단·통일에 대한 현실주의적 접근과 비판이론적 접근이라는 두 관점이 어떻게 반영되고 있는지를 살펴본다. 이 두 관점의 차이가 분단, 통일, 남북관계 문제와 관련하여 어떤 식으로 표현되고 있으며, 어떤 쟁점을 만들어내는지를 분석한다.

최완규는 1953년 휴전 이후 통일이라는 민족적 과업은 남북한 집권세력 간의 정치 게임으로 비화되었으며, 통일담론과 정책 등이 주어진 수단을 통한 현실적 대안보다는 국내정치를 위한 수사나 신화 만들기에 집착해왔다는 것을 지적하고 있다. 현재 통일을 둘러싼 대외적 환경과 대내적 환경을 살펴보고 통일에 대한 현실적 방안을 모색한다. 현재 상황 속에서 단일국가로의 평화통일은 어렵다는 것을 전제로 남한의 연합제와 북한의 낮은 단계 연방제를 접합하여 민족공동체적 성격을 띤 통합 형태를 만들 것을 주장한다.

분단 70년이 지난 오늘날에도 북한의 제4차 핵실험, 개성공단 폐쇄, 유엔의 대북제재, 사드(고고도미사일방어) 배치 등 남북관계문제가 산적해있다. 이러한 복잡다단하고 지난한 문제를 해결하기 위해서는 우리 국민들의 지혜와 슬기로움이 어느 때보다 절실하다. 아무쪼록 본 연구가 한반도의 분단과 통일에 대해서 고민하는 사람들에게 새로운 접근법과 해법을 생각할 수 있는 단초가 되기를 바란다. 아울러 이 책이 남북 간의 긴장을 완화하고 한반도 평화를 공고히 하는데 미력하나마 도움이 되었으면 한다.

　이 책이 나오기까지 물심양면으로 격려와 지원을 아끼지 않은 박재규 총장께 감사드린다. 세 권의 책으로 출간될 수 있도록 각각의 원고를 책임지고 제출해준 필자들에게 감사의 마음을 전하고 싶다. 아울러 기획과 편집의 수고를 아끼지 않은 김근식 교수와 박재호 연구원을 비롯한 연구진의 노고에 감사드린다. 마지막으로 책을 출간하는데 각별히 애써주신 도서출판 선인의 윤관백 사장님과 관계자분들께도 고마운 마음을 전한다.

2016. 6.

경남대학교 극동문제연구소 소장

윤 대 규

차례

실패한 통일, 실패한 분단

–남북한의 담론 · 정책 · 합의로 본 남북관계 70년– | 박순성

한반도 통일의 조건과 가능성 -현실적 방안- | 최완규

남북관계의 구조적 딜레마와 새로운 접근

김 근 식

경남대학교 정치외교학과 교수

남북관계의 구조적 딜레마와 새로운 접근

Ⅰ. 남북관계를 새롭게 풀어야 하는 이유?

남북관계가 어렵다. 대화도 안열리고 관계도 경색되고 상황이 안좋은 것은 두말할 것도 없다. 남북관계는 본래 어렵다. 남북관계가 잘 풀리지 않아서 어려운 것만이 아니라 어떻게 풀어야 할지 잘 몰라서 더 어렵다.[1] 지금의 남북관계 상황보다 올바른 남북관계 해법을 찾는 일이 더 어렵다. 사실 상황이 어려운 것은 어제 오늘의 일이 아니다. 오히려 정확한 해법을 안다면 상황은 풀 수 있다. 어려운 남북관계를 제대로 풀기 위한 정답을 몰라서 더 어려운 것이다. 문제를 풀기 위해 과

---

[1] 남북관계 개선의 문제점과 한계를 지적하고 향후 올바른 남북관계 발전방안을 제시한 논의들은 대부분 피상적 형식적 한계들을 나열하는 경향이 강했다. 박종철 외, 『2000년대 대북정책 평가와 정책대안: 동시병행 선순환 모델의 원칙과 과제』 (통일연구원, 2012).

거의 답을 손쉽게 대입하는 것은 이제 해답이 아니다. 답을 못찾는 탓에 지금 남북관계가 어렵고 이를 제대로 풀기는 더 어렵다.

탈냉전 이후 십수 년을 지나면서 남북관계도 우여곡절과 롤러코스터를 겪었고 이제 남북관계의 정답은 이것도 저것도 어려운, 마땅한 답을 찾기 힘든 시절이 되어 버렸다. 이명박 정부 같은 무작정의 강경 기조와 압박 정책은 북을 변화시키지도 굴복시키지도 혼내주지도 못한 채 상대를 도저히 용서못할 불구대천의 원수로 만들어버렸다. 김대중 노무현 정부의 화해협력 정책은 북의 근본적 변화를 견인하지 못한 채 보수 진영의 무차별 공격에 속수무책으로 당하면서 지금은 그 정당성마저 주장하기 힘든 상황이 되어 버렸다.

당시 이명박 정부는 북의 조기붕괴를 기정사실화하면서 관계 개선이나 대화 재개가 오히려 북의 숨통을 연장시켜준다는 정서가 팽배했다. 이른바 '기다림의 전략'이 이명박 정부의 대북 정책을 단적으로 표현하는 것이었다. 특히 2008년 8월 김정일의 뇌졸중 이후 이명박 정부는 남북관계 중단과 대북 압박이야말로 한반도 문제를 해결하는 지름길이자 해법이라고 간주했다. 그러나 북한은 오히려 이명박 정부 시기를 지나면서 남쪽의 지원 없이도, 남북관계를 통한 도움 없이도 스스로 살 수 있는 방법을 찾았고 자생력을 키울 수 있게 되었다. 맹목적인 대북 강경이 돌이키기 힘든 감정의 상처만 남긴 채 아무런 성과도 없이 남북관계를 최악으로 만들어 버린 것이다.

그렇다고 과거 진보 정부의 대북 화해협력으로 돌아가기도 어렵게 되었다. 김대중 정부와 노무현 정부는 지속적인 화해협력을 통해 북한의 변화를 이끌어내고 한반도 평화를 증진시킬 수 있다는 선의의 낙관론에 기반했다. 두 차례의 정상회담과 수십 차례의 장관급 회담이 개최되고 금강산 관광과 개성공단 그리고 경의선 동해선 연결 등 굵직한

경협사업이 진전되고 각종 교류협력이 지속되었지만 그럼에도 불구하고 여전히 남북관계는 취약했다. 핵문제는 악화되었고 핵실험이 지속되었고 남북의 정치군사적 대결은 쉽사리 해소되지 않았다. 화해협력의 끈질긴 인내에도 불구하고 남북관계는 쉽게 강경 대결로 돌아섰고 국제정세 변화와 남쪽의 정권교체로 남북의 화해협력은 모래성처럼 무력화되었다. 이후 강경 대 강경의 맞대결이 심화되고 서로의 감정싸움이 악화되면서 이젠 남이나 북이나 과거 진보 정부의 순수한 화해협력 시대로 되돌아가기 힘들게 되어 버렸다.

대북 강경과 대북 포용이 다들 한계에 봉착했던 핵심적인 원인은 둘 다 자기만의 '주관적 희망'(wishful thinking)에 머물러 있었기 때문이다. 대북 정책은 본시 지구상에서 가장 다루기 어렵고 예측하기 힘들고 유별난 특성을 지닌 북한이라는 상대방을 대상으로 하는 '상호 게임'이다. 혼자 결정하고 혼자 결과를 예측하고 혼자 마무리하는 독자 플레이어 게임이 아닌 것이다. 상대와의 변화무쌍하고 다양한 경우의 수를 겪어야 하고 예기치 못한 수많은 변수와 변화들에도 충분히 능동적으로 대처하고 준비하고 대응해야 하는 매우 역동적인 게임이다. 과거 회귀적 대북 강경과 과거 지향적 대북 포용은 또 다시 '주관적 희망'만을 앞세운 단독 게임으로 승부를 보자는 주장에 다름 아니다.

이명박 정부의 대북 강경이 무식하고 비현실적임은 압박하고 봉쇄하고 관계를 중단하면 북이 우리가 원하는 대로 굴복하고 변화하고 기어 나올 것이라는 '주관적 기대'에 쉽게 들떠 있었기 때문이었다. 북은 믿을 수 없고 믿어서도 안되는 상대이기에 오로지 압박과 봉쇄만이 악당 북한을 굴복시킬 수 있다는 자기 확신의 연장이었다. 이번 이명박 전대통령의 회고록은 그 관점에서 조금도 교정되지 않았다.

진보 정부의 대북 포용이 적잖은 성과에도 불구하고 지금 당시로의 복귀 주장이 쉽지 않음도 교류하고 협력하고 관계를 개선하면 북이 우리가 원하는 대로 변화하고 나아질 수 있다는 '주관적 기대'에 쉽게 의존했기 때문이었다. 북한과 잘 지낼 수 있고 언젠가 북도 선하게 변화할 수 있다고 믿었기에 꾸준히 화해협력하고 관계개선하면 나그네 북한을 올바른 방향으로 이끌 수 있다는 주관적 기대의 논리였다. 진보 정부 시절의 남북관계로 무조건 돌아가자는 일부 주장은 그 관점에 여전히 머물러 있다.

결국 2015년 지금 남북관계는 진보 정부의 화해협력 시대로 돌아가기도, 그렇다고 보수 정부의 대북 강경 시대로 돌아가기도 힘든 상황이 되었다. 강경과 대결, 포용과 화해를 겪었던 우리 국민들도 이제 일도양단의 단순한 취사선택이 쉽지 않음을 조금씩 인식하게 되었다. 변화된 정세와 변화된 환경 그리고 변화된 조건에 걸맞는 그야말로 '변화된 대북 접근'이 필요하고 '새로운 남북관계'가 필요한 때가 되었다.

다시 북을 압박해야 한다 해도 이명박 정부처럼 무식하게 현실감각 없이 해서는 안된다. 다시 포용해야 한다 해도 김대중 노무현 정부처럼 순진하게 선의에만 입각해서는 별 성과가 없다. 맹목적인 대북 강경으로의 '과거 회귀'는 결코 용납될 수 없다. 성공할 수도, 효과를 볼 수도 없음이 이미 입증되었다. 마찬가지로 무조건적인 대북 포용으로의 '과거 지향' 역시 꼼꼼히 따져봐야 한다. 지난날의 화려했던 추억으로 무작정 돌아가자고 주장하기가 어려운 현실이 되어 되었다. 대북 강경과 대북 포용의 한계를 담담하게 수용하고 변화된 현실에 맞는 새로운 남북관계 해법을 새롭게 모색하고 찾아봐야 한다. 아무도 가지 않았던 전혀 새로운 남북관계의 여정을 시작해보자.

II. 우여곡절의 남북관계와 '제도화'의 필요성

세상 일이 다 그렇지만 새로운 일을 시작하려면 과거에 대한 엄정한 평가와 현재에 대한 정확한 진단에 기초해야 미래의 새 전략과 비전이 도출된다. 새로운 남북관계를 모색하는 일도 마찬가지다. 지금까지의 남북관계에 대한 성찰적 평가를 먼저하고 지금 현재 변화된 조건과 환경에 대한 냉정한 진단을 하고나서 올바르고 현실가능한 미래 남북관계의 방향과 전략이 도출될 수 있을 것이다. 이를 위해 우선 과거 남북관계에 대한 엄정한 반성적 평가를 해보자.

탈냉전 이후 남북관계는 한마디로 '우여곡절'이라고 요약할 수 있다. 순탄대로도 아니었고 악화일로도 아니었다. 조금 진전되다가 경색되고 다시 퇴보하다가 조금 개선되는 그야말로 우여곡절의 남북관계였다.

우여곡절의 남북관계가 갖는 첫 번째 특징은 진전과 퇴보를 거듭하는 가다서다의 반복이라는 점이다. 대화가 잘되어 관계가 나아지다가도 돌발상황이나 쟁점부각으로 인해 다시 역으로 후퇴하는 경우가 오히려 다반사였다. 그야말로 가다서다, go and stop의 연속이었다.

노태우 정부에 남북은 오랜 협상 끝에 남북기본합의서를 채택했다. 문건의 내용은 지금 봐도 손색없는 남북관계 미래모습의 모범답안이었다. 그러나 합의서 잉크도 마르기 전에 이른바 북핵문제의 대두로 남북관계는 경색되고 말았다. 김영삼 정부도 민족이 동맹보다 낫다며 대북 쌀지원을 결정했지만 정작 쌀지원 과정은 인공기 게양문제와 선원 억류 사건이 불거지면서 상호 불신과 적개심만 증폭시키고 말았다.

본격적인 화해협력이 시작되었던 김대중 정부 시기조차도 사실은 역사적인 관계개선에도 불구하고 2001년 초에 장관급 회담이 결렬되어 남북관계가 일시중단되었고 급기야 대북 특사 방북을 통해 관계 정상화가 이뤄졌다. 노무현 정부 역시 북핵에도 불구하고 남북관계가 지속되었지만 2004년 해외 탈북자 대거입북 문제로 북이 반발하면서 장관급 회담이 중단되었다가 2005년 6.17 면담으로 가까스로 재개되었다.

이명박 정부도 전반적인 관계 경색의 와중에서 2009년 하반기 남북정상회담 논의가 진행되기도 했고 임태희-김양건 회동을 통해 정상회담 합의까지 이르렀지만 결국은 합의 번복과 금강산관광 회담 결렬 이후 북이 천안함 사태와 연평도 포격을 함으로써 남북관계는 완전 중단되었다. 지금의 박근혜 정부 역시 개성공단 중단 등 기싸움을 벌이다가도 결국은 공단 재가동에 합의하는가 하면 2014년은 고위급 접촉 성사를 통해 이산가족 상봉도 성사되었지만 황병서 일행의 방남에도 불구하고 합의한 2차 고위급 접촉은 성사되지 못했다.

화해협력을 중시하는 정부든, 대북강경을 불사하는 정부든 탈냉전 이후 남북관계는 한번도 순탄하게 관계 개선이 지속되지 못했다. 그야말로 진전과 퇴행을 반복하는 가다서다의 지속이었던 셈이다.

우여곡절의 남북관계 두 번째 특징은 화해협력과 불신대립이 병행했다는 점이다. 남북관계 개선과 함께 민족화해가 증진되고 경제협력이 증대되고 사회문화적 교류가 부쩍 늘어난 것도 사실이다. 필자도 금강산과 개성을 제외하더라도 평양과 백두산 등 북한을 방문한 것만도 10여 차례가 넘는다. 남북관계 개선의 국면에서 초기에 민족의 화해와 신뢰가 증대된 것은 분명한 사실이었다.

그러나 관계 개선으로 화해협력이 증진되는 동시에 상호 불신과 갈등도 지속되었다. 민족공동행사를 위해 매번 우리가 평양을 방문하고 북측이 남측을 방문했지만 6.15와 8.15를 기념하기 위한 남북공동행사는 항상 막판까지 줄다리기 협상과 밤샘 버티기 그리고 티격태격의 연속이었다. 동포를 만나는 설렘과 가슴벅참도 행사를 준비하고 진행하는 측에서는 매번 지침과 괴로움으로 다가왔다. 만날수록 북측과의 이질감이 커지고 서로 체제를 지키려는 완고한 정치의식이 불거져 나오면서 남북의 만남을 오히려 감동과 기쁨보다는 기싸움의 성격이 강하기도 했다.

남북 간 갈등과 불신이 지속되는 것과 함께 남북관계 개선은 우리 내부의 남남갈등 증폭이라는 예기치 못한 부작용을 낳고 말았다. 냉전시대에는 대북정책을 둘러싼 우리 내부의 남남갈등은 사실 존재하지 않았거나 표면화되지 않았다. 그러나 탈냉전 이후 남북관계 개선은 우리 내부에 대북정책을 둘러싼 팽팽한 이념대립과 노선갈등을 유발시키고 말았다. 남북관계의 우여곡절은 화해협력과 불신대립이 남북 사이에 그리고 남남 사이에 지속적으로 동시진행되었던 셈이다.

남북관계가 우여곡절을 겪었다는 세 번째 특징은 합의와 불이행의 롤러코스터가 지속되었다는 점에서도 잘 드러난다. 그동안 남북관계는 어렵게 도출한 합의 이후 온전한 이행이 한번도 없었다. 역사적 드라마였던 두 차례의 남북정상회담마저도 6.15 공동선언과 10.4 정상선언의 합의사항은 실제로 이행되지 못했다. 굵직한 합의만도 기본합의서, 비핵화공동선언, 6.15 공동선언, 10.4 정상선언 등은 지금은 휴지조각이 되었거나 되살리기도 힘든 현실이 되고 말았다. 이외에도 각종 실무회담에서 합의된 수많은 다양한 합의서와 문건들은 고스란히 통일부 자료집에만 부록으로 정리되어 있을 뿐이다. 합의해놓고 이행되지 못하는 것이 오히려 정상으로 받아들여지는 역설적 현실이 바로 지금까지의 우여곡절의 남북관계를 그대로 드러낸다.

지금까지 우여곡절의 남북관계가 지속되었음을 냉정하게 반성하고 평가해보면 이제 앞으로의 남북관계는 가다서다하지 않는, 일희일비하지 않는, 합의해놓고 불이행하는 그런 관계가 되어서는 안된다는 것을 저절로 알게 된다. 과거 시기 남북관계의 우여곡절을 반성하면서 미래의 남북관계는 지속성과 불가역성과 합의이행을 담보하는 이른바 '제도화'(institutionalization)가 절실함을 깨닫게 된다.

우여곡절과 롤러코스터가 아니라 조금씩이라도 꾸준히 지속되는 남북관계, 가다서다가 아니라 더디고 느리더라도 한번 진전되면 역행되지 않는 불가역의 남북관계, 합의해놓고 휴지조각이 되는 남북관계가 아니라 이젠 합의하면 반드시 이행을 담보하는 안정적인 남북관계. 지속성과 불가역성과 합의이행을 담보하는 남북관계의 '제도화'가 이제야말로 절실하고 절박하고 필요한 것이다.

올바른 반성에 토대해서 앞으로 '제도화'된 남북관계를 이루기 위해서는 무엇보다 과도하게 감정적으로 접근하는 것을 자제해야 한다. 북과의 만남이나 대화를 그저 순진하게 설레임과 감동으로만 접근해서는 안된다. 무리하게 감정적으로 접근하지 말고 화해협력의 가능성과 현실성에 토대해서 철저히 지속가능하고 이행가능한 화해협력의 관계를 고민해야 한다. 마찬가지로 남북대화와 관계개선을 마치 잘못된 것이나 북에게 굴복하는 것으로 간주하고 대북 강경과 압박만으로 남북관계를 접근하는 것 역시 지양되어야 한다. 대북 강경과 고집도 또 다른 의미의 매우 감정적인 접근이다. 주관적 희망과 근거없는 기대만을 내세운 채 압박위주의 대북강경이 우리가 원하는 남북관계를 가져올 수 있다고 믿는 것도 현실과 동떨어진 또 하나의 감정적 고집에 불과하다.

화해협력 지상주의나 강경대결 지상주의 모두 사실은 매우 감정적으로 남북관계를 접근하는 것이다. 화해와 협력, 대화와 합의만이 남북관계의 능사가 아니다. 또 압박과 봉쇄, 원칙과 고집만이 남북관계의 해법도 아니다. 두 편향 모두 사실은 지나치게 북을 선의로 대하거나 악마로 간주하는 극단적 감정주의 접근이다. 남북관계가 항상 진전되어야 하거나 남북관계는 항상 경색될 것이라는 지나친 희망과 과도한 실망 모두 경계해야 한다. 그동안 우여곡절의 남북관계는 지나치게 관계개선에만 매달리거나 아니면 과도하게 관계경색을 불사하는 양극단의 감정적 대응과 무관하지 않다.

오히려 현실적인 남북관계는 항상 관계개선이 될 것이라는 최대목표도 아니며 동시에 매번 남북관계가 경색될 것이라는 최소목표도 아닌, 지나친 기대와 지나친 포기도 아닌, 있는 그대로의 현실적인 접근이 필요하다. 그래야 우여곡절의 남북관계를 이제는 벗어날 수 있다.

III. 남북관계의 구조적 딜레마

그럼 왜 이다지도 남북관계의 진전이 어려울까? 왜 이렇게 남북관계의 제도화는 힘든 걸까? 비가역적이고 지속적이고 합의하면 이행이 보장되는 안정적 남북관계는 정말 불가능한 것인가?

그동안 탈냉전 이후 남북관계는 단속적이지만 경향적으로는 발전해왔다. 진통을 겪으면서도 꾸준히 나아진 것도 사실이다. 수많은 회담을 개최했고 적잖은 합의를 도출했고 꽤 많은 문서를 만들어냈다. 그러나 지금 남북관계는 여전히 경색되고 정체되고 전망마저 오리무중이다. 지난 시기 우여곡절의 남북관계를 반성적으로 회고하면서 지나친 낙관과 성급한 비관을 넘어서 실현 가능한, 되돌릴 수 없는 남북관계의 제도화를 이루기 위해선 우선 남북관계의 근본 속성에 대해 깊이 성찰해봐야 한다. 남북관계에 깊이 내재하고 있는 구조적 속성 특히 어렵고 힘들 수밖에 없는 '구조적 딜레마'를 뼈아프게 인식하고 전제해야 한다. 관계 개선과 관계 경색을 수없이 반복하고 가다서다를 반복할 수밖에 없는 남북관계의 근본 속성에 대한 객관적 파악 없이는 향후 안정적인 남북관계를 모색하기 어렵기 때문이다.

남북이 합의를 도출하고 관계가 진전되다가도 또 다시 대립과 경색과 결렬을 반복하는 데는 남북 행위자의 주체적 요인도 문제가 있을 수 있지만 더 고질적인 것은 행위자가 아닌 남북관계 자체가 안고 있는 구조적 딜레마적 속성이 존재하기 때문이다. 그리고 그 객관구조적 딜레마를 정확히 파악하고 이에 대한 근본적 처방을 모색해야만 사실 안정적이고 현실적인 남북관계 개선이 가능해진다.

1. '힘'으로 정의되는 남북관계

남북관계를 어렵고 힘들게 하는 근본 딜레마는 바로 남북관계가 '힘'으로 정의되는 근본 속성을 갖고 있다는 점이다. 남북관계의 본질은 힘의 관계인 것이다. 남북관계의 본질은 결코 선의의 관점, 즉 화해와 협력과 존중으로 정의되지 않는다. 결과적으로 남북관계는 성선설보다는 성악설에 가까움을 인정해야 한다. 엄연한 현실이 힘의 관계인데도 이를 경시하거나 도외시한다면 지나친 감상주의로 흐르게 되고 반면에 힘의 관계에 매몰된 나머지 관계개선이라는 가능성을 아예 포기하고 힘으로만 상대를 제압하려 한다면 이 역시 지나친 단선적 접근이 된다.

하나였다가 둘로 나뉘어진 분단의 쌍방은 기본적으로 힘의 관점에서 관계가 형성될 수밖에 없다. 때문에 남북관계는 기본적으로 상대방을 힘으로 제압하고 힘으로 흡수하려는 속성을 가질 수밖에 없다.

냉전시기 상호 적대와 대결의 남북관계는 두말할 필요도 없이 힘으로 상대를 제압하고 힘으로 상대방에게 제압당하지 않으려는 힘의 관계였다. 탈냉전시기의 화해협력도 사실은 남북관계의 근본속성이 힘의 관점에서 작동되었음을 부인할 수 없다. 여전히 힘의 우위에 있는 측이 힘의 열세에 놓인 측을 흡수하려는 것이었다. 냉전시기 북한의 대남 적화통일이 당시 힘의 우위에 있던 북이 열세에 놓인 남을 공산화하려는 것이었다면 탈냉전 시기 한국의 대북포용정책도 근본은 화해협력을 통해 한반도를 평화적으로 관리하면서 북한을 변화시켜 결국은 우리가 주도하는 통일을 이루기 위한 전략적 접근이었다. 햇볕정책의 창시자인 김대중 대통령도 사석에서는 햇볕정책을 '트로이의 목마'로 비유한 적이 있었다. 햇볕정책을 정면으로 비난하며 추진했던 이명박 정부의 대북 강경 정책 역시 힘의 우위 입장에서 북을 굴복시키려는 압박과 봉쇄의 접근방법이었다. 접근방법의 차이가 있을 뿐 상대를 제압하고 흡수하려는 최종 목표에서는 다를 바가 없었다.

이처럼 남북관계 진전이 어려운 가장 근본적 문제점은 힘의 우열관계에 놓여있는 현실에서 비롯된다. 원치 않는 분단으로 인해 남과 북은 상대방을 타도와 적대의 대상으로 자리매김하고 이를 자신의 내부 통치에 활용해왔다. 강요된 분단이었기에 남과 북은 언제나 상대방을 자기 체제로 인입하고 흡수하려는 강력한 의지를 일관되게 가질 수밖에 없었다.

따라서 체제 우위에 있는 쪽은 언제나 열세에 놓인 상대방을 통일하려 하고 반대로 힘의 열세에 놓인 쪽은 어떻게든 우위의 상대방의 영향으로부터 벗어나려 할 수밖에 없다. 1970년대까지 북이 남쪽을 공세적으로 적화통일하려 했던 것은 그래서 오히려 자연스러운 일이었다. 마찬가지로 1990년대 이후 체제경쟁에서 완전히 승리한 남쪽이 사상 최대의 체제위기에 봉착한 북한을 흡수하려 했던 것 역시 누구도 말릴 수 없는 것이었다. 더불어 열세에 놓인 쪽이 어떻게든 상대방에게 흡수되지 않기 위해 안간힘을 쓰고 체제유지에 나서는 것 역시 당연지사였다.

탈냉전 이후 남북관계가 화해협력의 계기를 마련했지만 지금까지 우여곡절의 남북관계를 보일 수밖에 없는 가장 근본적 문제점은 바로 여기에서 비롯된다. 즉 분단의 속성상 힘의 우열관계는 우위의 체제가 상대방을 흡수하려 하고 열세의 체제는 안간힘을 다해 체제를 유지하려는 근본속성을 가질 수밖에 없기 때문에 남북관계는 티격태격 우여곡절의 힘겨루기에서 벗어나기 힘든 것이다. 북한에게 남북기본합의서는 사회주의 붕괴 이후 체제위기를 맞아 어떻게든 자신의 체제를 흡수통일로부터 지켜내려는 전략적 발로였고 반대로 남한에게 기본합의서는 화해협력을 내세워 북한을 변화시켜 남한과 동일한 체제로 흡수하기 위한 전략을 숨기고 있었던 것이 사실이다. 기본합의서라는 모범답안을 만들어놓고도 결국 현실의 남북관계에서는 휴지조각이 된 것도 힘의 관계라는 본질적 속성 때문이었다.

김대중 정부의 대북포용정책도 힘의 우열관계에서 북한을 개혁개방으로 이끌고 옷을 벗겨서 한국 주도의 평화통일을 이루려는 것이었음을 부인하기 힘들다. 힘에서 밀리는 북한은 '우리민족끼리'와 '민족공조'를 내세우지만 이 역시 전략적 의도는 한국으로부터 얻을 것은 얻되 북한체제를 위험하게 하는 체제영향력을 최대한 차단하면서 남측의 흡수통일 공세를 막아냄으로써 체제를 유지하려는 것이었다. 정상회담이 성사되고 남북 공동선언이 도출되어도 힘의 우위와 힘의 열세 사이에 기본적으로 존재할 수밖에 없는 구조적 길항관계가 작동할 수밖에 없었고 한쪽은 끌고 가려 하고 다른 한쪽은 결코 끌려가지 않으려는 속성 때문에 화해협력의 시기에도 남북관계는 항상 순탄할 수 없었다. 우여곡절의 남북관계일 수밖에 없었던 셈이다.

결국 남북관계는 흡수하려는 한쪽과 절대 흡수당하지 않으려는 한쪽의 힘의 작용이고 그렇기 때문에 남북관계는 힘에 의해 한쪽이 완전히 무너지지 않는 한, 대화를 통해 관계개선이 순탄하게 이뤄지기 힘든 구조적 딜레마를 갖고 있는 셈이다. 기실 햇볕정책이라는 자유주의적 접근도 체제 우위에 선 남측이 자신감을 갖고 북에게 화해협력과 평화공존을 내세우는 것이고 경협과 교류를 통해 북의 대남 의존을 더욱 심화시킴으로써 북한의 체제변화를 유도하고 결국은 자유민주주의로의 평화통일을 이루려는 전략적 접근이고 보면 그 바탕에는 힘의 관점에 의거한 '현실주의'가 토대하고 있음을 알 수 있다.[2] 결국 남북관계의 본질은 힘의 관점에서 정의되는 현실주의인 것이다. 그래서 본질적으로 갈등의 속성을 가질 수밖에 없다.

2. 분단체제와 정전체제

힘의 관점에서 정의되는 남북관계, 즉 일방이 타방을 흡수하려 하고 반대로 상대는 결단코 체제를 유지하려고 하는 역관계가 바로 남북관계의 본질임은 결국 갈등을 전제로 하는 것이다. 본시 남북관계는 힘의 우위와 열세의 딜레마 속에서 상호 갈등을 내재적 속성으로 갖고 있는 셈이다. 그리고 이 같은 남북의 길항성(rivalry)을 구조화하고 재생산하는 토대는 바로 분단체제와 정전체제라는 시스템이다.

한반도가 갈등의 씨앗을 배태하고 있음은 바로 정전체제라는 군사적 대치 상황이 극적으로 입증한다. 남북은 전쟁을 공식종료하지 않고

---

2) 김태현, "남북한 관계의 '이상'과 '현실': 현실주의 국제정치이론의 입장에서 본 남북한 관계," 2000년도 한국정치학회 추계학술회의 발표논문, (2000), pp.12~13.

일시 중단하고 있는 상태이고 따라서 정전체제하에서는 한시라도 군사적 충돌이 발생하고 국지전이 재개될 수 있다. 간헐적으로 반복되는 남북의 군사적 충돌과 북의 도발 역시 정전체제의 불안정성에서 비롯된다. 서해교전과 연평해전, 천안함 사태와 연평도 포격 등은 사실상 전투행위였다.

남북이 항구적인 평화체제를 정착시키지 못하고 전투를 일시중지하고 있음으로써 한반도 정전체제는 그 자체로 남북관계의 갈등의 구조적 토대인 셈이다. 김대중 정부 시기부터 이른바 '정경분리' 원칙을 내세워 정치군사적 갈등과 상관없이 경제협력을 지속적으로 일관되게 진행하려고 노력했지만 결국 군사적 긴장과 충돌은 남북관계를 교착시키고 경제협력을 방해할 수밖에 없었다. 2013년 봄의 개성공단 중단 사태가 극적으로 입증하는 것이다. 대결상황에서도 온전하게 지켜질 것으로 믿었던 개성공단마저도 군사분계선 입출경 제한이라는 간단한 조치만으로 폐쇄 위기를 맞게 된다는 것을 실감나게 목도한 바 있다. 정전체제하에서 정경분리는 사실상 불가능함을 깨닫게 한 셈이다. 결국 정전체제의 군사적 대치라는 구조는 남북관계의 진전을 가로막는 구조적 장애물인 것이다.

남북은 서로 원치 않는 분단을 겪었고 따라서 상대방은 결코 태어나서는 안될 정부였다. 상대방의 정치적 부인에 기초해서 각각의 정부가 출범할 수 있었다. 대한민국은 유엔이 승인한 한반도의 유일한 합법정부이고 조선민주주의인민공화국 역시 한반도의 유일 정통성을 자처하고 있다. 강요된 분단으로 탄생한 남과 북인 만큼 상대방을 정치적으로 부정하고 향후 통일은 반드시 자신의 정치적 정당성이 확대되는 방향으로 진행되어야만 했다. 적화통일과 흡수통일은 각각 상대방을 정치적으로 소거하는 통일노선일 수밖에 없었다. 분단체제하의 남북관계는 결국 남과 북의 정치적 적대와 대립을 구조적 토대로 하고 있었던 것이다.

노무현 정부 동안 북한이 제기했던 4대 근본문제는 남북관계가 아무리 진전되어도 해결하기 어려운 정치적 숙제들이었다. 국가보안법 폐지, 한미군사훈련 중단, NLL 재설정 등은 원래 어려운 이슈라 치더라도 북이 제기한 4대 근본문제 중 그나마 상대적으로 용이한 이슈였던 참관지 제한 철폐마저도 사실은 남북의 오랜 정치적 적대관계에서는 수용할 수 없는 것이었다. 북을 정치적으로 부인한 토대에서 탄생한 대한민국이기 때문에 평양에 있는 혁명렬사릉과 애국렬사릉과 금수산기념궁전은 어떤 경우에도 참관을 허용할 수 없을 것이다. 경협이 가속화되고 사회문화 교류가 증대되어도 정치적으로 민감한 이슈는 여전히 남북관계에서 풀기 힘든 장애물이다. 상대방을 정치적으로 용인할 수 없는 근본적 구조하에서 남북은 경제와 사회문화는 진전될 수 있을지언정 정치적으로 화해하고 협력하는 것은 사실상 불가능한 것이 되었다.

정전체제의 군사적 대치와 분단체제의 정치적 갈등은 결국 남북관계의 불균등 발전이라는 절름발이 현상을 낳게 된다. 대북포용정책의 시기에 남북관계의 현상적 문제점으로 매번 지적되었던 영역별 불균등 발전의 문제 즉 정치군사적 차원의 진전은 부진한 반면 경제와 사회문화 분야의 관계개선은 상대적으로 활발한 것도 바로 이러한 구조적 문제에서 기인하는 것이었다. 상호 원원하는 경제협력과 상호 필요에 의한 일회성 교류는 그나마 진행될 수 있었지만 본격적인 관계개선을 위한 정치적 화해협력과 군사적 긴장해소는 힘과 힘이 부딪치는 남북관계의 속성상 여전히 넘기 어려운 벽이었다.

3. 북핵문제의 악화와 상호 적대의식 강화

정전체제와 분단체제라는 정치군사적 대립은 지금껏 분단을 지속해오면서 상황이 개선되기보다는 더욱 악화되고 말았다. 전쟁을 종료하지 못한 정전체제가 남북관계에 악조건으로 작용하고 있는 최대의 요인은 바로 북미적대관계의 산물인 북핵문제의 악화이다.

한국전쟁 당시 교전 당사자였던 북한과 미국은 정전제체에 머물러 있는 조건에서 상호 적대관계를 지속하고 있고 북미 적대관계의 최악의 발현이 바로 북핵문제로 드러난 것이다. 북한은 적대관계의 해소를 요구하며 미국의 대북적대시 정책에 대한 자위적 억제력으로서 핵무기 보유를 정당화하고 있고 반대로 미국은 북한의 핵실험과 핵보유 때문에 북한과의 관계 정상화가 불가능하다는 줄다리기가 바로 북핵문제의 본질이다.

결국 한반도 최대의 안보 이슈이자 대한민국의 최대 안보 위협인 북핵문제의 악화도 기실 정전체제라는 북미적대관계의 부산물인 것이다. 그 북핵문제가 이제는 북한의 사실상 핵무기 실전배치와 미사일 능력의 고도화로 치닫고 있고 이에 대해 한국과 미국은 킬체인과 한국형미사일 방어도 모자라 이젠 사드 도입까지 논의되고 있다. 정전체제가 북핵문제를 낳고 그 북핵문제로 인해 지금 한반도는 사상 최대의 군비경쟁 모드에 돌입하고 있다. 상대의 군비증강과 자신의 군비증강이 상호 악순환되는 이른바 '안보딜레마'의 덫에 빠져들고 있는 셈이다. 남북관계가 잘 풀릴 수 없음은 당연하다.

정전체제가 북핵문제로 곪아터지듯이 분단체제 역시 '역적패당'과 '종북몰이'라는 각기 최고조의 정치적 증오와 대결로 심화되고 구조화되고 있다. 북한을 원수로 간주하고 타도와 적대의 대상으로 인식하는 정치적 적대성은 이제 북한도 모자라서 한국 내부의 특정 세력마저도 종북과 친북으로 끈질기게 연결시키고 있다. 상대를 부정해야만 하는 분단체제의 정치적 대결이 북에 대한 증오를 넘어 이젠 우리 사회 안에서 종북몰이와 마녀사냥이 일상화되고 있는 것이다. 이석기 사건과 통진당 사태 이후 진보 진영과 야당까지도 이제는 종북의 흔적을 의심받게 된다. 현실을 모르는 순진한 아줌마의 평양방문 경험담도 종북을 때려잡는 사냥꾼에겐 좋은 먹잇감이 되고 만다. 자폐적 운동권 인사의 개인적 돌출행위도 배후의 종북 세력 운운하며 더 많은 종북 마녀를 사냥해야만 한다. 대한민국에서 북한을 인정하거나 동조하는 것은 물론이고 이제는 있는 그대로 이해하자는 주장도 정치적 사냥에 당하기 십상이다.

북한 역시 남북관계 악화를 거치면서 남쪽에 대한 적개심과 분노가 갈수록 증대되고 있다. 남한 대통령을 도저히 입에 담지 못할 욕설로 비하하고 폄하하는 것은 이제 그리 놀랍지도 않다. 식량지원과 인도적 지원이 중단된 이후로 북한 주민들까지도 남쪽에 대해서는 원망을 넘어 적개심이 충만하다. 눈꼽 만큼 쥐어 주면서 온갖 멸시와 모욕감을 주었다는 게 최근 북한주민들의 심정이다.

이른바 역적패당과 종북몰이가 각기 남북에 공존하면서 지금 남북관계는 정치적 대결이 상호 증오의 수준으로 확산되고 있다. 논란이 되고 있는 대북전단 문제야말로 정치적 대결이라는 분단체제와 군사적 대치라는 정전체제가 상호 결합되어 남북관계의 개선이 얼마나 힘든 지를 극적으로 보여주는 상징이라 할 것이다. 상대체제를 타도하고야 말겠다는 전단살포 측의 살기어린 대북 적개심과 살포 즉시 추호의 주저함도 없이 원점 타격하겠다는 북한 군부의 날선 경고야말로 군사적 대치와 정치적 대결이라는 남북관계의 구조적 딜레마를 극적으로 드러내는 사건이다. 정치군사적 적대성을 근본적으로 완화시키지 못하는 한 남북관계는 구조적 딜레마에 갇혀 있을 수밖에 없다. 남북관계 개선이 결코 쉬운 일이 아닌 이유다.

IV. 역대정부 남북관계: 평가와 교훈

힘의 관계라는 구조적 본질을 전제하면서도 탈냉전 이후 역대 정부의 남북관계를 평가하는 것은 유의미하다. 각각의 한계와 교훈을 도출한다면 향후 현실가능한 합리적인 남북관계를 고민해볼 수 있기 때문이다. 김대중 정부 이후 남북관계는 상당히 진전되었다. 정치적 대결과 군사적 대치라는 근본 한계는 변화되지 못했지만 과거 냉전시대와는 다른 화해협력의 남북관계가 일정하게 형성되었다. 그리고 이명박 정부의 남북관계는 다시 적대와 대결의 과거로 회귀하고 말았다. 서로를 원수처럼 여기고 기어이 상대를 굴복시키고자 했다. 힘에 토대한 상대방의 제압이 시도되었다. 다시 남북관계는 원수처럼 완전 파탄나고 말았다.

김대중 노무현 정부 시기의 남북관계는 한마디로 신혼부부 사이였다. 설레임과 애틋함이 교차했다. 함께 어울리고 더불어 살아가는 사이좋은 '이웃 사촌'처럼 지내고자 했다. 당시 평양을 십 수차례 다녀온 필자도 북쪽 사람을 만나면 항상 화기애애했고 저녁엔 술잔을 기울이며 민족의 동질성을 확인하곤 했다. 민족화해가 증진되고 남북관계가 개선되면서 이제 머잖아 통일의 길도 열릴 거라고 기대하기도 했다.

당시 신혼부부의 남북관계는 탈냉전 이후 적대적 대결관계 대신 화해적 협력관계가 가능할 거라는 객관적 상황변화에 힘입은 바가 컸다.

진영간 대결이라는 냉전체제가 와해되고 사회주의가 붕괴되었기 때문에 남쪽은 자신감을 갖고 북을 대할 수 있었고 북쪽은 남이 내민 화해협력의 손을 쉽사리 거부하기 힘들었다. 탈냉전이 제공한 화해협력의 객관적 토대는 남북의 상호인정과 평화공존 그리고 화해협력이라는 새로운 남북관계를 가능케 했고 이미 남북기본합의서 채택으로 남과 북은 새로운 관계설정에 동의했다.

김대중 정부는 평화공존에 바탕한 화해협력의 남북관계를 진전시키기 위해 햇볕정책을 일관되게 추진했고, 김정일 역시 권력승계 과정과 고난의 행군을 지나면서 대내적 안정을 회복하고 남북관계 개선의 필요성을 갖게 되었다. 서로 상대방을 타도하거나 제거해야 할 필요성보다는 서로를 인정하고 교류협력을 시작한다는 것에 대해 큰 거부감이 존재하지 않았다. 급기야 현대아산의 금강산 관광을 시작으로 남북관계는 진전되기 시작했고 결국은 2000년 남북정상회담 성사로 남과 북은 과거와는 다른 전혀 새로운 관계를 맺기 시작했다.

6.15 공동선언에 따라 김대중 정부는 대북 인도적 지원을 시작했고 금강산 관광과 개성공단과 철도 연결 등 3대 경협사업을 추진했다. 정상회담 이후 해마다 6.15 공동행사는 평양에서, 8.15 공동행사는 남쪽에서 개최되었고 대규모 민간 교류와 방북이 꾸준히 이어졌다. 북한의 '민족공조'와 '우리민족끼리'는 남북화해를 정당화했고 김대중 정부의 햇볕정책과 동포애는 교류협력을 정당화했다. 남쪽에선 수십만 명이 금강산을 찾고 북쪽 사람과 대화하고 어울렸다. 북쪽도 남쪽 사람을 만나고 접하면서 친해지기 시작했다. 냉전시대에 각인되고 형성되었던 상호 적대의식은 상당부분 완화되는 모습이었다. 그야말로 김대중 노무현 정부의 남북관계는 가까운 이웃사촌 같았고 결혼 초기의 신혼부부 같았다.

그러나 신혼의 달콤함은 지속되지 못했다. 남북관계는 다방면에 다양하게 진전되고 확대되었지만 정작 대북정책의 핵심목표였던 북한변화를 견인하는 데는 한계가 있었다. 햇볕정책의 핵심 목표는 다방면에 걸친 남북관계의 확대와 이를 통한 북한의 유의미한 변화 도출이었다. 그러나 신혼의 남북관계는 사이좋게 만나고 교류하긴 했지만 상대방의 태도와 생각을 바꾸지는 못했다. 연애기분으로 잘 지내긴 했지만 상대가 그동안 살아온 익숙한 사고방식과 생활습관을 내 방식으로 완전히 바꾸는 데는 실패했던 것이다.

결국 신혼의 남북관계에서도 북핵위기는 잠재되거나 지속되었고 결국은 북은 핵실험을 하고 말았다. 신혼이지만 간헐적인 부부싸움도 벌어졌다. 1999년과 2002년의 서해교전은 군사적 충돌의 가능성이 상존함을 극적으로 입증했다. 냉전을 지나 탈냉전에 걸맞는 설레임의 신혼관계를 꿈꾸었지만 현실의 남북관계는 결코 신혼부부나 이웃사촌의 구조적 실현을 불가능하게 했다. 선의를 가지고 신혼처럼 잘 지내려고 했지만 결국 상대방의 본질이 그대로였다는 점에서 오히려 화해협력정책은 우리 내부의 남남갈등을 증폭시키는 정치적 후유증을 낳고 말았다. 화해협력만으로는 우리가 원하는 바람직한 남북관계는 현실적으로 불가능했던 것이다. 신혼부부의 남북관계가 언제까지 지속될 수는 없었다.

이명박 정부의 남북관계는 한마디로 이혼을 불사하는 남북관계였다. 이웃사촌은커녕 옆집 원수 같은 남북관계였다. 10년간의 화해협력이 소기의 목적을 달성하지 못했다고 생각하는 여론에 힘입어 보수 정부가 선택되었고 이명박 정부는 대북정책의 교체를 정권교체의 핵심과제로 간주했다. 지원하고 교류하고 협력하는 대북포용정책이 우리만 일방적으로 신혼의 감정에 빠진 것이지 정작 북은 하나도 변하지 않았다는 평가에 따라 이제 대북정책은 강경과 봉쇄와 압박으로 전환되었다. 성미가 급한 우리 국민에게 10년은 기다릴 만큼 기다린 것이었고 이젠 채찍을 들 때가 된 것으로 여겨졌다.

신혼의 남북관계는 사라지고 상대는 굴복시키고 제압해야 할 대상으로 자리매김되었다. 북한은 믿을 수 없는 존재이고 태생적으로 잘못된 상대이기 때문에 화해와 협력 대신 강압과 채찍으로 변화시키고 무릎 꿇려야 했다. 이혼을 눈앞에 둔 파경기의 남북관계가 자리 잡게 되었다. 죽기 살기로 상대를 제압하려는 강 대 강의 대결이 남북관계를 지배하게 되었다.

김대중 노무현 시기의 화해협력이라는 남북관계가 냉전이 종식되고 탈냉전이 도래하면서 가능했다면 이명박 정부는 탈냉전의 남북관계를 지나 재냉전의 남북대결로 회귀하고 말았다. 북핵문제와 북한도발이라는 한반도판 냉전이 온존하고 있었고 대북포용정책의 성공을 확신하지 못하는 보수적인 대북 의식이 다시 고개를 들면서 이명박 정부는 재냉전의 한반도로 돌아섰다.

화해와 협력을 거둬들이고 강압의 방식으로 북한의 버릇을 고치고 우리가 원하는 대로 굴복시키겠다는 이명박 정부였기에 기존의 남북관계는 하루아침에 물거품처럼 사라졌다. 박왕자 씨 피살사건으로 금강산 관광은 영구 중단되었다. 북을 방문하고 북한 사람을 만날 수 있었던 접촉의 창구는 사라졌다. 대북 인도적 지원은 중단되었고 남북의 마지막 신뢰의 끈이 사라지면서 북한도 이명박 정부의 선심성 수해물자 지원을 거부했다. 남측이 주지도 않지만 북도 받지 않겠다는 감정싸움이 심화되었다. 진행되던 남북경협은 모두 중단되었고 사회문화교류와 방북은 대폭 감소되거나 불허되었다.

감정싸움은 결국 대형 충돌과 도발로 귀결되었고 천안함 사태와 연평도 포격으로 이제 남북관계는 영영 신혼으로 돌아갈 수 없는 파국으로 치닫고 말았다. 군사적 긴장은 최고조로 유지되었고 전쟁 일촉즉발의 위기가 지속되었다. 서해 바다는 팽팽히 당겨진 고무줄처럼 건드리기만 하면 끊어지는 형국을 유지했다. 5.24 조치로 모든 경협과 대북지원과 방북은 일체 금지되었다. 교류협력의 남북관계는 냉전시대의 적대관계로 돌아갔다. 한국전쟁 이후 사상 최초의 영토 공격이 자행되자 남쪽의 대북인식은 극도로 악화되었다. 대북 지원을 중단하고 압박에 나선 남쪽에 대한 북쪽의 인식 역시 모욕감을 받았다는 감정과 함께 증오심을 키워 나갔다. 북에 진절머리를 내는 남쪽과, 역적 패당과 쥐박이로 비난하는 북쪽의 상호 적대의식과 대결관계는 갈수록 심화되었다. 파국을 눈앞에 둔 사생결단의 남북관계였다. 파경기의 남북관계였다.

그러나 이명박 정부의 강대강 대결정책은 하나도 성과를 내지 못했다. 남북관계를 전면 중단하고 교류와 협력을 거둬들이고 봉쇄와 압박으로 북한을 길들이려고 했지만 정작 돌아온 것은 북의 도발과 안보위기 심화였다. 북한은 굴복하지도 변화하지도 고개 숙이지도 않았다. 주던 것을 끊었지만 북한이 고통스러워하거나 힘들어하지도 않았다. 오히려 우리의 대북 지렛대만 스스로 상실하고 말았다. 북은 천안함과 연평도로 군사적 도발을 확대했고 2차 핵실험으로 핵능력을 더욱 키워나갔다. 북의 버릇을 고쳐놓겠다는 대북강경 정책은 오히려 군사적 위기와 한반도 긴장고조에 속수무책이었다. 고함과 주장만 무성할 뿐이었다.

교류협력의 남북관계가 충분한 성과를 이루지 못한 아쉬움이었다면 대북강경의 남북관계는 애초부터 성공이 불가능한 외고집이었다. 이명박 정부는 대결과 강압의 파경기의 남북관계로는 결코 북한을 제압할 수 없음을 확인하는 시기였다. 교류협력만으로 소기의 성과를 낼 수 없었다면 교류협력이 성공할 수 있는 노력과 조건들을 보완하고 고민해야 하는 것이지 교류협력 자체를 파기하고 압박과 대결의 남북관계로 전환하는 것은 더 큰 실패와 돌이킬 수 없는 잘못으로 빠져드는 길이었다. 파경기의 이혼 부부같은 남북관계는 결코 성공하지 못하는 길이었다. 한반도에서 북을 따로 떼어 옮겨놓거나 제거하지 못하는 한 이혼을 불사하는 남북관계는 최악의 한반도를 의미하는 것이다. 이제 신혼도 이혼도 아닌 지속가능한 남북관계를 고민해야 한다.

V. 최근 남북관계의 구조적 변화

신혼은 영원하지 않다. 세월이 가면 더 이상 신혼이 아니다. 물론 신혼의 감정을 지속할 수도 있겠지만 엄밀한 의미의 신혼은 결혼 초 짧은 시기만을 의미할 뿐이다. 남북관계의 신혼기간 역시 오래갈 수 없고 영원히 지속되지 않는다. 신혼을 지나 파경의 위험까지 겪은 남북관계는 이제 각각의 처지와 감정이 바뀌었다. 사정이 달라지고 상황이 변화하고 서로에 대한 느낌이 바뀌었다. 이를 충분히 객관적으로 인식해야만 올바른 남북관계를 모색할 수 있다.

1. 북한의 상대적 자신감과 '두개의 조선' 전략

우선 북한은 경제사정이 좋아졌다. 예전 어렵게 살던 시기에 남쪽에게 경제적 지원과 협력을 은근히 기대했던 것과는 사정이 달라졌다. 김대중, 노무현 정부 시기에 북한은 정말 어렵고 힘든 시기였다. 고난의 행군을 겨우 지나고 경제적으로 너무나 고통스러운 기간이었다. 식량난과 에너지난은 말도 못할 지경이었다. 거의 전적으로 외부로부터의 경제지원에 매달려야만 했던 당시 북한 상황은 남북관계는 북이 남측에 의존하고 매달리는 형국일 수밖에 없었다. 남북관계가 그나마 좋았던 연유이기도 했다. 살림하기 위해 남편에게 돈을 타서 써야 하는 아내의 처지는 무작정 남편에게 대들고 싸울 수 없다.

그러나 최근 들어 북한의 경제상황은 호전되고 있다. 보수적으로 통계를 잡는 한국은행의 추정치도 연속 플러스 성장률을 보이고 있다. 식량사정이 나아지고 대외교역이 증대되고 있다. 6.28 방침과 5.30 조치로 농업 생산성이 증가하고 공장 기업소의 자율권이 확대되어 경제에 활력이 돌고 있다. 북중교역의 지속 증가는 북한 경제에 상품 유통과 시장 확산을 촉진하고 있다. 경제가 조금씩 회복되면서 북한은 남쪽에 의존할 필요가 줄어들었다.[3] 특히 이명박 정부의 대북강경정책으로 대북지원이 중단되고 남북관계가 경색되면서 오히려 북한의 경제는 나아졌다. 신혼 초기에 남편에게 꼬박꼬박 월급을 받아 써야 했던 아내가 이제 딴주머니를 차고 경제적으로 자립하게 된 셈이다. 남쪽에 경제의존도 줄면서 북한이 신혼 때처럼 고분고분하지 않는 이유가 생겨났다.

경제적 자립 말고도 북한은 명실상부한 핵보유 국가로 간주되고 있다. 3차례의 핵실험과 다종다양한 미사일 발사 실험으로 핵과 미사일의 결합이 이젠 실전배치의 수준까지 이른 것으로 과시하고 있다. 심지어 세계적으로 최첨단 기술로 여겨지는 잠수함발사 미사일 시험까

---

3) 김근식, "김정은 체제의 대외전략 변화와 대남정책: 선택적 병행 전략을 중심으로," 『한국과 국제정치』 제29권 제1호, (2013년 봄호).

지 초기단계를 시도하고 있다. 핵경제 병진노선으로 사실상 핵보유를 공식화하고 핵무기의 소형화, 경량화, 다종화를 선언하면서 각종 미사일 능력을 고도화해서 실질적인 안보능력과 자신감을 과시하고 있다. 남쪽과 미국에 기죽지 않고 큰 소리 치는 이유다.

남북관계의 중요도가 상대적으로 감소한 상황에서 최근 김정은 체제의 북한은 새로운 대남전략을 고민하고 있다. 과거와 같은 경제적 지원 차원의 남북관계가 절실하지 않은 상황에서 이제 북한은 남북이 각자도생하자는 이른바 '두개의 조선'(Two Koreas) 전략으로 선회한 듯하다.[4] 김정일 시대 고난의 행군과 체제 위기를 일단 넘겼다는 자신감과 함께 정치경제적으로 나름의 안정성을 확보하고 제 갈 길을 알아서 가겠다는 마이웨이 전략이다.

핵보유로 안보를 챙기고 공포정치로 엘리트를 장악하고 시장 확대로 경제를 회복함으로써 이제 체제위기가 아닌 체제유지의 자신감을 갖게 되었다는 판단이다. 식량난이 완화되었고 북중 교역 등 대외교역의 증대와 해외 인력수출 등으로 외화가 나름 안정적으로 조달되고 있다. 돌이킬 수 없는 시장의 확산으로 최근 북한 경제는 그 어느 때보다 활성화되고 있는 게 사실이다. 경제가 먹고살 만하고 스스로 버틸 만하면서 남북관계를 통한 경제적 지원과 협력에 그리 목말라 하지 않는다. 드레스덴 선언 등 박근혜 정부의 대화 제의에 시큰둥한 이유다. 대북 민간단체의 인도적 지원마저도 상당 기간 거부한 북한이다. 알아서 살 테니 내버려 달라는 투다. 경협과 사회문화 교류는 관심 없고 '투코리아'의 대외 환경으로서 전단 살포와 군사 훈련 중단에만 관심을 보인다. 지난해 국방위 중대제안 이후 일관되게 정치군사 이슈만을 대

---

4) 김근식, "광복 70년과 북한의 투 코리아 전략,"『매일경제』, 2015. 8. 17.

화의제로 요구하는 이유다. 미사일 발사와 지뢰 도발 등은 정치군사 회담을 압박하기 위한 그들의 으름장이기도 하다.

김정은의 '투 코리아' 전략은 금년 광복절을 기해 남측보다 30분 늦은 시간으로 북한의 표준시간을 변경한 데서 극적으로 드러났다. 정치적 경제적 분단을 이제는 일상의 분단으로 완성하겠다는 의도다. 남북이 서로 다른 나라라는 인식을 강조함으로써 민족이 아닌 상호 국가성의 강화를 시도하는 것이다. 우리가 제안한 경협과 사회문화 교류는 애써 무시하면서 금강산 병충해 방지를 위한 협력과 개성공단에 메르스 검역장비 제공은 북이 먼저 요구한다. 민족이라는 이유로 통일을 강조하는 것은 부담스럽지만 이웃나라의 긴급사태에 대한 즉각적 반응에는 신속한 모습이다. 민족성을 강화하는 교류협력은 거부한 채 국가의 안전에 필요한 것들은 적극적으로 요구하는 모양새다. 6.15와 8.15도 남북공동보다는 북한식의 독자행사로 치루고 말았다. 기대를 모았던 이희호 여사 방북도 남북관계의 정치적 돌파구로 활용하기보다는 이웃 나라 귀빈의 개인적 방문형식으로 대응했다.

북한 내부의 담론에서도 민족 개념은 사라지고 그 자리에 국가 담론이 자리 잡고 있다. 김정은 시대의 대표적 정치담론으로 '김정일애국주의'가 주창되고 '우리민족제일주의'나 '민족공조' 등의 개념은 자취를 감췄다. 국산품 애용운동이 강조되고 강성국가, 조국 등 국가 담론이 자리를 잡았다. 심지어 얼마 전까지 강조되던 '김일성 민족'은 '김일성 조선'으로 이름이 바뀌었다. 민족이라는 이름으로 통일의 당위성을 강조하는 것보다 이제는 남과 북이 이웃하는 두 나라로 각자 살아가자는 분리공존 전략인 셈이다.

경제적 아쉬움 때문에 남측에 고개 숙였던 때에 비하면 지금 북한은 남북관계에 매달리거나 구걸할 이유가 없어지기도 했거니와 이명박 정부를 지나면서 북한 내부의 대남 의식이 적대적으로 바뀌기도 했다. 남북관계가 개선되고 화해협력이 증진되던 시기에 북한 주민의 대남 의식이 상당히 호의적이었던 것에 비하면 이명박 정부와 날선 비난과 대결을 주고받으면서 내부 의식의 변화도 남쪽에 대해 부정적인 방향으로 전환되었다. 매번 주던 쌀지원을 끊고 북을 압박해서 굴복시키겠다는 이명박 정부에 대해 북한 주민은 모욕감을 느꼈고 갈수록 反南의식이 커져갔다. 탈북자들이 남아 있는 가족에게 돈을 부쳐주면서 나올 결심을 하면 데리고 나오겠다고 하면 이젠 돈만 부쳐달라며 남아 있겠다는 게 지금 북한 내부의 대남 인식의 한 단면이다. 다시 신혼으로 돌아갈 수 없는 이유다.

2. 대북인식의 변화: 염북 혹은 혐북 의식의 확대

남쪽 사정도 과거 신혼 때와 비교하면 확연히 달라졌다. 경제사정이 갈수록 안 좋아지고 있다. 2008년 글로벌 금융위기 이후 한국경제는 장기 침체에서 벗어나지 못하고 있다. 비정규직만 양산되는 비정상의 노동시장이 이젠 대세로 자리 잡았다. 저성장의 그늘에서 벗어나지 못하고 고용 없는 성장 덕에 청년취업이 하늘의 별따기가 되었다. 감당할 수 없는 가계부채는 아무도 건드리지 못하고 피해가는 폭탄 돌리기 신세가 되었고 정부 부채 역시 눈덩이처럼 불어나고 있다. 1997년 IMF 당시 기업의 도산 상황에서도 탄탄한 정부 재정으로 공적자금을 댈 수 있었고 견실한 가계 저축률로 기업을 다시 살려낼 수 있었음을 생각해 보면 지금 가계 부채와 정부 부채의 급증은 경제위기의 심각성을 짐작케 한다. 한국 경제의 어려움에 더하여 이명박 정부는 쓸데없는 토건사업과 불확실한 자원외교로 50조 가까운 세금을 낭비했고 한국경제를 살릴 수 있는 골든타임에 헛삽질과 허망한 짓만 하고 말았다. 경제가 어려워지면 당연히 북에 지원할 수 있는 여력과 여유가 줄게 된다. 이명박 정부 시기에 남북관계도 갈등으로 치달았을 뿐 아니라 대북 지원과 경제 협력에 대해서는 여론도 경제적 여유도 좋지 않을 수밖에 없었다.

대북 강경정책으로 5년 내내 갈등과 대립이 지속되면서 급기야 북한은 해서는 안 될 무력 도발을 강행하고 말았다. 천안함 사태와 연평도 포격이 그것이다. 휴전 이후 가장 최악의 군사 도발이었다. 특히 연평도 포격은 우리 영토에 대한 명백한 무력 공격이었고 애꿎은 민간인이 희생되었다는 점에서 국민들의 대북 여론은 최악으로 돌아섰다. 남북관계가 경색된 데는 물론 양측 모두에게 이유가 있을 법이지만 연평도 포격은 모든 책임을 하루아침에 북한 탓으로 돌리게 만들었다. 마치 접촉사고를 낸 두 사람이 서로의 책임을 놓고 말싸움을 벌이다가 한쪽이 폭력을 행사하게 되면 한순간에 모든 도덕적 책임과 비난이 그 사람에게 돌아가는 것과 같은 이치다.

화해협력 시기 남북관계에 의해 과거 냉전 시대의 반북의식이 눈사람처럼 녹고 북한 사람을 만나고 대화하고 술 마시면서 동질감과 민족의식을 공감했다면 이제 이명박 정부 시기 남북 대결과 군사적 충돌을 경험하면서 남쪽의 대북 의식은 과거의 반북을 넘어 혐오스럽고 지긋지긋해 하는 이른바 '혐북' '염북'의식이 확산되었다. 겪어보고 형성된 혐북과 염북의식은 주입식 교육으로 형성된 반북의식보다 훨씬 고질적이고 해소되기 힘들다. 상상 이상의 심한 욕설과 대남 비방 그리고 매번 계속되는 핵실험과 미사일 발사 등도 이젠 남쪽 사람들에게 더 이상 북한은 믿을 수 없는 존재라는 인식을 각인시켜줬다.

우여곡절의 남북관계, 신혼과 파경을 겪으면서 이제 남과 북 모두

너무도 많이 달라져서 새롭게 시작해야 하는 남북관계는 이 변화된 각각의 처지와 감정에 맞게 모색되어야 한다. 신혼은 지나기 마련이다. 이제 새로운 관계를 시작해야 한다.

Ⅵ. 남북관계의 새로운 접근: 포괄적 평화?

남북관계의 구조적 딜레마에 더해서 최근 북한이 자신감에 토대해 공세적이고 적극적인 대남전략을 구사함으로써 남북관계는 한층 복잡한 상황에 처하게 되었다. 정치군사적 의제를 놓고 남북대화를 하든지 아니면 한반도 긴장고조를 감수하든지 택일하라는 식의 대남 공세에 대해 아직 박근혜 정부는 속수무책이거나 기존의 과거형 대북접근을 고집하고 있다.

이제 남북관계 개선을 위해서는 과거와 다른 새로운 접근을 모색해야 한다. 북한이 자신감을 가지고 정치군사적 의제 중심으로 공세적인 대남 전략을 구사하는 상황에서 남북관계의 구조적 장애요인들을 완화시키고 남북관계 개선과 대화 정상화를 가능케 하는 방법은 무엇일까? 정전체제의 군사적 대치 상황을 해소하고 남북의 정치적 대립을 완화시키고 안정적인 남북관계 개선을 가능케 하는 근본적이고 신통방통한 해법은 과연 가능할까? 있다면 무엇일까?

그것은 결국 장기적으로는 군사적 긴장과 정치적 대결을 해소함으로써 한반도에 포괄적인 평화를 이루어내는 것일 수밖에 없다. 정전체제의 군사적 대치 대신 평화체제의 안정적 평화를 정착시키고 분단체제의 정치적 대결 대신 상호존중의 평화공존을 증대시키는 것이다. 이를 통해 한반도에 포괄적 평화가 증진된다면 남북관계는 비로소 딜레

마에서 벗어날 수 있을 것이다.[5]

1. 정전체제의 평화체제로의 전환

남북관계 진전을 가로막는 정전체제의 불안정성은 원론적으로 평화협정 체결과 평화체제로의 전환을 통해 해소될 수 있다. 한반도에서 소극적 평화(negative peace)는 정전체제에도 불구하고 전쟁이 억지되고 군사적 충돌을 방지하며 한반도에 긴장완화가 이루어진 상태를 의미한다. 이는 군사적 긴장 가능성이 존재하지만 갈등을 예방(conflict prevention)할 수 있는 것으로서 '불안정한 평화'(unstable peace)를 말한다. 군사력에 기반한 억지에 토대하는 것이다. 여기에서 진전된 적극적 평화(positive peace)는 평화협정 체결로 정전이 아닌 전쟁의 공식적 종식을 이룸으로써 갈등의 종결(conflict termination)을 이룬 상황이다. 이는 전쟁 가능성이 없는 갈등 부재 상태로서 안정적 평화(stable peace)를 의미하는 것으로 정전체제의 평화체제로의 법제도적 전환을 요구한다.[6]

2. 정치적 대결의 완화: 남북관계 차원의 평화

정전체제의 평화체제로의 전환은 단순히 평화협정 체결이라는 문서 하나로 담보되는 게 아니다. 오히려 남북의 정치적 적대와 대결 상황

---

5) 김근식, "남북관계의 제도화를 위한 근본적 접근: 포괄적 평화," 2014 한국정치학회 국제학술회의, 『한반도 평화통일, 어떻게 만들 것인가』(2014. 10. 10~11) 논문 자료집, pp.273~289.
6) 김근식, "평화체제와 남북관계: 상호연관성과 향후 과제," 한반도 평화와 남북관계, 통일맞이 토론회 발표문, (2010. 4. 1), pp.27~28.

을 근본적으로 개선하지 않는 한 평화협정은 실질적 평화를 보장하지 못할 수 있다.

한반도 평화체제는 군사안보적 구성요소와 함께 본질적으로는 남북관계적 차원의 평화가 병행되어야 한다. 남북의 적대관계가 지속되고 정치적 대결과 반목이 심화되고 있는 상황에서는 그 무슨 화려한 평화협정에 서명한다 하더라도 남북의 평화는 불가능하고 당연히 한반도 평화는 자리 잡지 못한다. 즉 남북의 적대관계 해소와 정치적 화해협력 그리고 되돌릴 수 없는 남북관계의 진전으로 한반도 평화의 물적 토대를 마련하는 것 없이 군사안보적 차원의 평화체제 논의는 그야말로 공허한 메아리일 뿐이다. 남북관계가 유동적이고 언제라도 적대와 대결의 긴장된 관계로 환원될 수 있는 구조라면 항구적인 한반도 평화는 충족되지 못한다. 군사적 신뢰구축을 진전시킨다 하더라도 대결의 남북관계로 회귀할 가능성은 얼마든지 존재한다.

결국 한반도 평화체제를 이루는 데 가장 핵심적인 역할은 바로 남북관계일 수밖에 없다. 원론적으로 한반도 평화는 현실의 남북관계에 토대해야 하고 평화의 진전 역시 남북관계의 진전과 연동될 수밖에 없기 때문이다.

한반도 평화체제는 남북관계 개선에 따라 상호 화해협력이 증대되어야 가능하다. 탈냉전 이후 한반도 평화의 진전은 민족화해의 개선과 남북관계의 진전에 따른 측면이 주요하게 작용했음을 부인하기 힘들다. 개성공단과 금강산관광이 활성화되고 진전되면 군사분계선을 통과하는 사람과 물자의 교류가 일상화되고 이를 군사적으로 보장해주는 신뢰조치가 병행되어야 한다. 경협이 군사적 신뢰구축을 이끌어내는 셈이다. 경제협력으로 군사분계선을 통한 남북의 인적 물적 교류가 활성화되면서 이를 보장하기 위한 남북의 군사적 조치와 합의가 진전되고 다시 군사적 신뢰구축이 남북의 경제협력을 추동해내는 상호 선순환 과정이 바로 남북관계 진전이 한반도 평화를 증진시키는 상징적 사례라 할 수 있다.

역으로 남북관계가 적대와 대결이 지속될 경우, 한반도 평화체제 논의는 비현실적일 수밖에 없음도 마찬가지다. 상호 군축, 평화협정 당사자 문제, 평화협정의 조항, 주한미군 주둔 여부, 유엔사 해체 여부, 한미동맹의 변화 등이 적극적 평화를 위한 주요 쟁점이지만 이들 논의가 겉돌 수밖에 없고 매번 제시되는 과제들이 공허하게 들리는 이유는 아직 그것을 구체적으로 논의하고 고민할 한반도 상황이 아니기 때문이고 그 핵심에는 남북관계의 현 단계가 자리 잡고 있는 것이다.

결국 한반도 평화의 진전은 핵심적으로 남북관계의 진전과 맞물려 진행될 수밖에 없다. 관계의 평화 없이 문서나 조약의 평화는 취약한 평화일 뿐이다. 되돌릴 수 없는 남북관계의 결정적 진전을 이뤄내면 정치적 화해협력과 군사적 평화보장도 가능할 수 있을 것이고 그것이 병행되어야만 평화협정 체결이 실질적으로 한반도 평화정착으로 이어질 수 있다.

3. 북핵 해결을 위한 평화체제

남북관계의 진전을 포함한 포괄적 의미의 한반도 평화체제는 북핵문제 해결에서도 핵심적 역할을 할 수 있다. 장기 교착되어 해결난망으로 여겨지는 북핵문제를 지금 조건에서 진전시키고 평화적으로 해결할 수 있는 유일한 해법은 결국 평화체제 논의다.

북한은 2013.3.31 당중앙위 전원회의를 통해 '핵무력과 경제건설 병진노선'을 공식채택했다. 핵무기 불포기를 강조하는 것처럼 보이지만 역설적이게도 북한의 병진노선은 오히려 경제건설의 절박성에 토대하고 있다. 경제와 핵무력 병진노선에 담겨진 핵보유 논리는 '국방비를 추가로 늘리지 않는' 가장 저렴하고 효율적인 안보 대책으로 설명되고 있다. 이는 1960년대 경제국방 병진노선이나 김정일 시대 '국방공업을 우선하면서 농업경공업을 동시발전시킨다'는 선군경제노선과는 구별된다. 기존에는 국방병진을 위해 막대한 자원과 재정을 투입한다는 것이지만 지금 핵무력 병진노선은 국방비를 최소화해서 경제건설에 매진하기 위한 논리다. 결과는 핵보유 기정사실화지만 논리는 경제건설을 위한 절박함인 것이다. 최고인민회의에서 7.1 조치의 주역이자 시장개혁의 상징인 박봉주를 다시 총리에 복귀시킨 것도 핵무력 건설이 사실은 경제회생과 경제발전을 위한 논리적 귀결임을 뒷받침한다. 지난 해 4.15 연설에서 '더 이상 인민들이 허리띠를 조이지 않게 하겠다'는 김정은의 연설 역시 절박한 경제건설의 필요성을 짐작케 한다.

핵무력 병진노선이 미국과의 대결 상황에서 북의 안전보장을 위해 채택한 것이라면 협상국면에서 북이 안전보장을 위해 줄곧 주장했던 것은 평화체제 협상이다. 북한은 이미 2005년부터 핵문제 해결을 위한 북미관계 정상화의 첩경으로서 평화협정 체결을 주장해왔다. 9.19 공동성명에 비핵화와 한반도 평화체제가 동시에 명기된 것도 그 맥락이었다. 6자회담이 중단되고 북미대결이 재연된 이후 북한은 2010.1.11 외무성 성명을 통해 향후 협상은 비핵화와 함께 평화체제 논의가 동시에 진행되어야 한다고 못 박았다.[7] 경제건설을 위한 자신의 체제보장과 안전보장은 평화체제 전환에 의해 가능하다는 것이 북한의 일관된 논리였다. 결국 평화체제 논의가 북핵문제 해결의 열쇠가 되어 있는

---

[7] "조선외무성 성명 평화협정회담을 제의," 『조선중앙통신』, 2010. 1. 11.

셈이다. 평화체제 없이 북핵문제 논의는 이제 불가능하고 평화체제 논의를 통해 북핵문제는 진전될 수 있다.

북핵해결과 북미관계 진전이 남북관계 개선에 필수불가결한 조건이라면 한반도 평화체제 논의와 더불어 한미의 대북 '공동포용'(co-engagement) 기조를 확인하는 것이 필요하다. 매번 한국과 미국의 대북정책 방향이 엇갈림으로써 그동안 남북관계가 북미관계의 부침에 따라 출렁거려야만 했다. 따라서 한국과 미국이 일관되게 공동으로 대북포용정책을 추진해야만 남북관계도 꾸준히 진전될 수 있을 것이다.

4. 관계의 평화, 내부의 평화

결국 남북관계의 진전이 한반도 평화에 기여하고 증대된 평화는 다시 남북관계 진전을 추동한다. 한반도 평화와 남북관계는 서로가 서로를 보완하고 강화시켜주는 상호적 관계인 것이다. 경협이 군사적 보장을 통해 신뢰구축에 기여하고 다시 군사적 신뢰구축의 증대가 남북경협을 더욱 활성화시키는 상호 선순환의 관계가 이를 입증한다. 관계의 평화가 한반도 평화의 토대가 되는 셈이다.

그러나 남북관계의 진전만으로 한반도 평화가 완성되는 것은 또한 아니다. 경제협력이나 사회문화적 교류가 한반도 평화의 우호적 환경을 마련하는 것은 사실이지만 그것이 자동적으로 군사적 적대관계를 해소해내지 못하는 것은 사실이다. 2013년 남북의 군사적 긴장고조 상황에서 개성공단은 너무도 쉽게 무력화되고 말았음을 우리는 목도했다. 경협이 군사적 신뢰구축의 필요조건은 되지만 남북의 적대적 대치를 말끔히 해소할 수 있는 충분조건에는 이르지 못하는 셈이다. 남북관계가 한반도 평화의 조건과 환경이 되지만 한반도 평화를 완성하는 도깨비 방망이는 아닌 것이다.

오히려 정치군사적 대치와 대결은 그 자체로 평화체제 논의를 통해 해소해야 할 필요성이 존재한다. 북핵문제 해결과 함께 종전선언과 평화협정 체결 등 획기적이고 극적인 평화체제로의 전환은 정치적으로 우선 결심되고 관철되어야 한다. 그럼에도 불구하고 정치군사적 차원의 법제도적인 평화체제 마련이 진행된다 하더라도 이를 가능케 하는 남북관계 차원의 '내부적' 평화가 자리 잡지 못하면 평화협정은 사상누각일 뿐이다.

북한 인공기라는 이유만으로 아시안게임 참가국임에도 불구하고 인공기를 내려야만 하는 우리의 현실을 보면서, 북한선수단을 환영하는 플랜카드임에도 '북한'이라고 썼다는 이유로 철거를 요구하는 북측 사람들을 보면서 과연 지금의 남북관계와 우리 내부의 현실은 평화를 입에 올릴 수 없을 정도로 상호 적대와 분노 그리고 적개심과 오기로만 가득 차 있음을 부인하기 힘들다. 작금의 우리 내부 분위기는 평화협정이 당장 사인된다 하더라도 결코 북한과는 평화롭게 공존할 수 없고 기어이 북을 타도하고 제거해야만 직성이 풀리는 위험한 반평화적 상태가 강하게 존재하고 있음을 부인하기 어렵다.

북한을 인정하고 북과 공존하려는 것보다는 북을 굴복시키고 혼내줘야만 올바른 남북관계라고 믿고 있는 우리 내부의 현실, 화해협력과 평화공존의 주장마저 이제는 종북세력으로 치부되는 우리 내부의 골 깊은 분열과 적대는 과연 한반도에 평화가 도저히 가능하기나 한 것인지 깊은 회의를 갖게 한다. 정전협정의 평화협정으로의 전환도 필요하고 군사적 신뢰구축도 중요하고 경제협력과 사회문화적 교류증대도 필요하지만, 가장 본질적으로 한반도 평화를 촉진하고 가능케 하기 위해서는 남북 간에 그리고 남과 북 내부에 켜켜이 쌓여가고 있는 상호 적대와 분노의 악순환을 이제라도 끊어내는 우리 스스로의 노력이 절실하다. 관계의 평화 없이, 우리 내부의 평화 없이 법제도적 평화체제와 문서로 보장된 한반도 평화는 공허할 뿐이다.

관계의 평화와 내부의 평화가 진정으로 정착된다면 그것은 곧 염북, 혐북 의식의 완화와 남남갈등의 해소에 기여하게 된다. 마찬가지로 북쪽에서도 대남 적대의식이 평화로운 관계로 대체되면서 피포위 의식[8]이 약화되고 자연스럽게 선군과 수령제의 토대가 약화될 것이다.

5. 소결: 포괄적 평화

결론적으로 남북관계의 비가역적 진전을 위해서는 정전체제의 군사적 대치상황을 해소하고 분단체제의 정치적 대결관계를 개선하는 근본적 접근이 병행되어야 한다. 정전체제의 평화체제로의 전환 그리고 그와 연동된 북핵문제의 평화적 해결이 남북의 군사적 대결을 완화하게 되고, 평화체제와 선순환되는 남북관계의 개선과 상호 적대의식의 약화 및 내부 남남갈등의 해소를 통해 정치적 남북대결이 완화하게 될 경우에야 비로소 남북관계는 안정적으로 제도화되고 비가역적인 진전을 이룰 수 있을 것이다. 정치군사적 대결 상황과 여기에서 파생된 북핵문제와 상호 적대의식의 해소를 위해 이제 남북관계는 '포괄적 평화'를 이루기 위해 노력해야 한다. 포괄적 평화에 기초할 때 비로소 남북관계는 안정적으로 진전될 수 있을 것이다.[9]

---

[8] 사방의 적들로 포위되어 있다는 집단의식이 강력한 수령제가 작동하는 유격대 국가를 만들어 냈다는 분석이다. 이에 대해서는 와다 하루키, "유격대 국가 북한의 성립과 전개," 『극동문제』 12월호, (1993) 참조.

[9] 포괄적 평화에 대한 논의는 김근식 · 이무철, "드레스덴 구상에 따른 한반도 신뢰프로세스의 단계별 추진전략," (통일부, 2015)을 참고할 것

VII. 현실 가능한 제도화: 남북관계 '중년부부론'

제도화의 필요성에도 불구하고 남북관계의 구조적 현실 때문에 제도화가 지지부진함을 감안한다면 이제 현실에서 작동가능하고 실현가능한 남북관계의 제도화를 고민해봐야 할 때가 되었다. 구조적 현실을 직시하고 변화된 환경에 걸맞은 보다 효율적이고 생산적인 새로운 남북관계 방식이 요구되고 있음을 인식해야 한다. 포괄적 평화가 도래하기 이전이라도 남북관계의 제도화를 위해 현실 가능한 노력을 기울여야 한다.

탈냉전 이후 남북의 화해협력과 관계개선이 진전되면서 김대중 노무현 정부 시기에 햇볕정책과 대북포용정책에 대한 지지가 증대되었다면 이명박 정부 시기의 극단적인 정면대결과 남북관계 파탄을 겪으면서 지금 국민여론은 염북과 혐북 의식이 우세하고 대북 화해협력 자체를 목적으로 하는 것에도 그리 탐탁지 않게 받아들이고 있다. 냉전이 끝나고 탈냉전의 남북관계를 거쳐 지금은 이른바 '재냉전'의 남북관계를 맞고 있는 셈이다. 이명박 정부 시기 남북관계 악화는 결과적으로 대북강경정책이 총체적으로 실패했음을 드러내면서도 다른 한편으로는 북한의 강경 맞대응으로 인해 대북 여론의 악화와 북한책임론이 고착화되는 '역설적' 결과를 가져 온 셈이다. 접촉사고를 내고 시비를 가리던 와중에 먼저 욕설을 해대고 손찌검을 하면 한순간에 그가 모든 책임을 뒤집어쓰는 것과 같다.

이제 과거와는 다른 새로운 남북관계 방식을 고민해야 한다. 너무 좋아하지도, 너무 미워하지도 않는 냉정한 실리추구의 남북관계가 이제는 적절하고 필요할지 모른다. 감정에 치우쳐 한 때는 북을 지나치게 설레임으로 접근했고 또 어떤 때는 북을 불구대천의 원수로 적대시했다면 이제는 감정과 정서가 아닌 이성과 실리에 따라 대화도 하고 압박도 하고 견제도 하고 합의도 하는 실속형 관계가 필요할지 모른다. 김대중 노무현 시기가 서로 죽고 못사는 신혼과 연애의 남북관계였고 이명박 정부 시기가 서로를 원수처럼 여기는 증오와 권태의 남북관계였다면 앞으로 남북관계는 일희일비하지 않고 끈기와 인내로 서로에게 익숙해가는 덤덤한 중년의 부부사이가 오히려 나을지 모른다.[10)

2013년 개성공단 실무회담이 7차례나 지속되었고 아무런 합의나 성과가 없어도 판 자체를 깨지 않고 만나고 또 만나서 결국은 상호 합의 가능한 지점을 도출해내는 과정은 과거와는 다른 새로운 남북관계의 좋은 사례다. 2015년 목함 지뢰와 확성기 방송으로 전쟁직전의 일촉즉발까지 긴장이 고조되었다가도 극적인 2+2 회담이 성사되고 밤샘협상을 거쳐 합의가 도출되고 8.25 국면으로 당국 간 대화가 가능하게 되는 과정도 싸울 땐 싸우다가도 기회가 생기면 결실을 맺는 매우 현실적인 남북관계의 좋은 사례다.

현실적 남북관계의 모습은 서로 갑론을박하면서도 관계 자체를 파탄내지 않고 무덤덤하게 실속을 차리는 중년의 부부관계와 유사하다 할 것이다. 무던하게 서로 대화하고 서로 논쟁하고 가능한 합의지점을 찾기 위해 만나고 또 만나는 데 익숙해야 한다. 과도한 애정과 지나친 분노는 이제 수면 아래로 내려놓아야 한다. 이제 남북은 끈질기게 마주앉아 결국은 합의를 도출해내는 고진감래의 남북관계에 익숙해야 한다.[11)

---

10) 김근식, "중년부부 닮은 남북관계를," 『중앙일보』, 2013. 11. 13.
11) 김근식, "합리적인 대북관, 통일관, 대북정책: 성찰적 접근," 한반도선진화재단, 한국미래학회, 좋은정책포럼 공편, 『보수와 진보의 대화와 상생』 (나남, 2010).

신혼과 권태의 시기를 지난 뒤 이제 우리는 담담한 중년의 남북관계를 준비해야 한다. 지나치게 흥분하지도 지나치게 미워하지도 말아야 한다. 그저 만나고 또 만나서 대화하고 또 대화하면서 결국 수용가능한 합의지점을 만들어 내고 조금씩 차분하게 천천히 합의사항을 실천하고 이행하면 되는 것이다. 중년의 남북관계는 과도한 애정행각을 벌이지 않는다. 또한 중년의 남북관계는 가정을 깨거나 이혼불사의 부부싸움을 하지도 않는다. 그저 정 때문에 서로를 인정하고 서로를 존중하며 가정의 평화를 지켜내고 할 일을 할 뿐이다.

실리추구의 실속형 남북관계, 중년의 남북관계를 위해서는 그래서 몇 가지 지켜야 할 사항이 있다. 첫째 한반도의 평화를 위협하는 군사적 도발과 긴장고조는 가능한 한 억제되어야 한다. 가정이 깨져서는 안되고 집안의 평화가 지켜져야 하듯이 중년의 실속있는 남북관계는 무엇보다 천안함, 연평도와 같은 군사적 충돌과 전쟁위기만큼은 반드시 피해야 함을 전제로 한다. 둘째 서로를 존중하고 인정해야 한다. 신혼이나 이혼이 아닌 중년의 부부는 집안이 조용하고 평화롭지만 그렇다고 애정표현으로 요란스럽지도 않다. 평화로운 중년부부의 가정이 유지되기 위해서는 무엇보다 상대방에 대한 존중과 인정이 전제되어야 한다. 부인은 남편의 생각과 생활과 주장에 대해 마찬가지로 남편은 아내의 생각과 생활과 주장을 이해하고 인정하고 존중해야 가정은 평화로울 수 있고 관계가 지속될 수 있다. 김정은 체제와 박근혜 정부역시 상대방을 무릎 꿇려야 할 굴복의 대상으로 여기는 대신 대화와 협상의 한 주체로서 존중하고 인정해야 한다. 셋째 중년의 남북관계는 어떤 일이 있어도 이혼이나 가정을 깨는 일은 피하고 부부로서의 관계는 지속적으로 유지해야 한다. 아무리 생각이 다르고 상대방의 요구를 수용하기 힘들어도 그래도 가정은 유지되어야 하고 이혼해서는 안 될

다. 개성공단 실무회담처럼 입장의 평행선 때문에 합의가 없고 성과가 없어도 회담은 지속되어야 하고 대화 자체가 깨지거나 완전파탄의 남북관계가 되는 것은 피해야 한다.

크게 흥분하지도 크게 분노하지도 않고 끝까지 관계를 유지하면서 상대방을 존중하고 인정함으로써 가정의 평화를 지켜내고 부부로서의 할 일을 해내는 것이야말로 현명하고 안정적인 중년의 부부관계이다. 이제 우리 남북관계도 그럴 때가 되었다.

중년부부의 남북관계를 위한 위의 세 가지 조건은 사실상 한반도의 평화를 지키고 상대방에 대한 존중으로 관계의 평화를 이뤄가며 관계의 지속성을 유지한다는 측면에서 앞에서 언급한 포괄적 평화를 통한 남북관계 제도화와 일맥상통하기도 한다. 남북관계 중년부부론과 포괄적 평화론이야말로 향후 우리가 고민해봐야 할 남북관계 제도화의 현실적 접근일 수 있다.

북한의 '투 코리아' 전략은 남과 북이 서로 다른 두 개의 나라로 살자는 의도다. 남쪽에 손 내밀지 않고 알아서 살아갈 터이니 흡수통일의 의도나 시혜적 선심을 내세워 교류협력으로 귀찮게 하지 말라는 것이다. 이는 마치 동서독 분단 당시 동독이 일관되게 서독에 국가 인정을 요구하면서 두 개의 독일로 살아가자는 주장과 흡사하다. 심지어 동독은 사회주의 민족을 강조하면서 서독과는 다른 민족임을 내세우기도 했다. 우리도 1970년대에는 북한의 대남 공세에 대해 사실상의 투 코리아 전략으로 대응했던 적이 있다. 대북 열세에 놓인 당시 박정희 정부는 북한의 파상적인 교류협력은 거부한 채 남북의 분단을 인정하고 평화적 체제경쟁에 나서자는 입장이었다. 6.23 선언의 유엔동시가입은 대표적인 투 코리아 전략이었다.

북한의 투 코리아 전략에 당황할 필요는 없다. 오히려 서독은 동독의 두 개의 독일 정책을 역이용했다. 동독의 국가성을 인정하고 동서독 기본조약을 체결함으로써 동독의 불안을 해소해줬다. 통일을 뒤로 미루고 흡수의 의도를 드러내지 않고 국가 대 국가 차원에서 일관되게 교류협력을 묵묵히 진행했다. 그 사이 동독은 변화했고 동독 주민은 서독을 동경하게 되었다. 국가성을 인정받은 동독은 결국 내부 민주화로 서독에 통합되었다.12) 북한의 투 코리아 전략에 우리도 냉정한 대북정책과 현명한 통일전략을 고민해야 할 때다. 과거의 달콤했던 신혼의 남북관계로 돌아갈 수 있을 거라고 기대하지도 말고 사생결단의 파경기 남북관계가 정답이라고도 생각하지 말고 이제는 덤덤하면서도 실용적 관계를 유지하는 남북관계 중년부부론이 지금 시기 변화된 남북관계에 가장 현명하게 대처하면서 동시에 평화로운 통일을 준비하는 지혜가 될 것이다.

---

12) 일정 수준의 경제발전이 정치적 민주화와 정치발전을 결과한다는 것에 대해서는 Samuel Huntington, *The Third Wave Democratization in the Late Twentieth Century* (University of Oklahoma Press, 1991), p.69.

참 고 문 헌

김근식. "평화체제와 남북관계: 상호연관성과 향후 과제." 한반도 평화와 남북관계 통일맞이 토론회 발표문, (2010).

_____. "김정은 체제의 대외전략 변화와 대남정책: 선택적 병행 전략을 중심으로." 『한국과 국제정치』 제29권 제1호, (2013).

_____. "남북관계의 제도화를 위한 근본적 접근: 포괄적 평화." 2014 한국정치학회 국제학술회의, 『한반도 평화통일, 어떻게 만들 것인가』 (2014).

_____. "합리적인 대북관, 통일관, 대북정책: 성찰적 접근." 한반도선진화재단, 한국미래학회, 좋은정책포럼 공편, 『보수와 진보의 대화와 상생』 (서울: 나남, 2010).

김근식, 이무철. "드레스덴 구상에 따른 한반도 신뢰프로세스의 단계별 추진전략." (통일부, 2015).

김태현. "남북한 관계의 '이상'과 '현실': 현실주의 국제정치이론의 입장에서 본 남북한 관계." 2000년도 한국정치학회 추계학술회의 발표논문, (2000).

박종철 외. 『2000년대 대북정책 평가와 정책대안: 동시병행 선순환 모델의 원칙과 과제』 (통일연구원, 2012).

와다 하루키. "유격대 국가 북한의 성립과 전개." 『극동문제』 12월호, (1993).

Huntington, Samuel. *The Third Wave Democratization in the Late Twentieth Century.* Oklahoma City: University of Oklahoma Press, 1991.

'짧은 화해, 긴 대립'의 남북관계

-원인, 과제, 전망-

신 종 대

북한대학원대학교 교수

'짧은 화해, 긴 대립'의 남북관계
- 원인, 과제, 전망 -

I. 머리말

분단70년을 맞는 남북관계의 주요 특징을 한마디로 어떻게 표현할 수 있을까? '짧은 화해, 긴 대립'이라고 할 수 있을 것 같다. 돌이켜보면 그간 남북관계는 1972년 7.4공동성명, 1991년 남북기본합의서, 2000년 6.15공동선언, 그리고 2007년 10.4선언 등의 4대 합의[1]를 통해 큰 전환

---

1) 4대 합의 각각에 대해서는 김연철, "7.4남북공동성명의 재해석: 데탕트와 유신체제의 관계,"『역사비평』(2012년 여름호); 박정진, "냉전시대 한반도 갈등관리의 첫 실험, 7.4남북공동성명,"『북한연구학회보』제16권 제1호, (2012); 하영선, "북한 1972 진실찾기: 7.4공동성명의 추진과 폐기,"『EAI 국가안보패널 연구보고서』(2014. 03); 김갑식, "남북기본합의서에 대한 북한의 입장,"『통일문제연구』제20권 제1호, (2011. 06); 박영자, "남북관계 전략적 상호작용과 남북기본합의서 이행: 시스템 다이내믹스 분석과 전망,"『통일문제연구』제20권 제1호, (2011. 06); "특집 남북기본합의서 20주년: 탈냉전과 한반도"『역사비평』(2011년 겨울호); 권만학, "6.15공동선언과 남북한관계: 성과와 한계,"『아태연구』제11권 제1호, (2004. 12); 김근식, "남북정상회담과 6.15공

의 계기를 마련했다. 그런데 문제는 그와 같은 전환점 이후 얼마 지나지 않아 남북관계는 다시 냉각 또는 소강상태에 빠지거나, 적대와 반목의 관계로 후퇴하고 말았다는 것이다. 화해로의 극적인 진전과 대립으로의 급전(急轉), 이것이 분단 70년의 남북관계가 보여주고 있는 주요 특징이라고 말할 수 있다.

그렇다면 첫째, 남북관계가 이와 같은 패턴을 반복하고 있는 이유는 무엇인가? 그리고 둘째로는 그와 같은 반복 패턴을 탈피하여 지속가능한 남북관계를 만들어가기 위한 조건과 해법은 무엇인가? 이 글에서는 개괄적인 수준에서나마 이와 같은 두 가지 질문에 답해 보고자 한다. 이를 위해 남북관계의 역사에 있어서 주요 합의인 위의 4대합의를 중심으로 남북관계가 어떻게 극적인 진전과 역진을 보이게 되었는가를 살펴보고 그 원인을 분석해 보도록 한다.[2]

남북관계는 첫째 국제환경, 둘째 남북한의 내부요인, 셋째는 남북한 지도자의 의지와 정책 성향 수준에서 분석할 수 있다. 결국 남북관계

동선언: 분석과 평가,"『북한연구학회보』제10권 제2호, (2006); 고유환, "2007 남북정상회담 성과와 과제,"『통일문제연구』제19권 제2호, (2007. 11) 등 참조.

[2] 남북관계 전반의 변화요인과 특징에 대한 통시적인 논의로는 우승지, "남북한 관계 60년 분석: 1948-2008,"『국제 · 지역연구』제17권 제2호, (2009년 여름); 우승지, "세력 전이와 남북관계 변화에 대한 고찰," 서울대 국제문제연구소 편,『남북한 관계와 국제정치이론』(서울: 논형, 2011); 신종대, "남북관계사의 분석 수준과 주요 의제,"『한국과 국제정치』제30권 제3호 (2014년 가을); 전재성, "분단 70년의 국제환경, 대내구조, 남북 관계의 조명,"『통일정책연구』제24권 제1호, (2015) 등이 있다. 특히 우승지는 진화기대이론(evolutionary expectancy theory)과 세력전이(power transition)에 기반하여 남북관계에 대한 이론적 분석을 시도하고 있다. 남북관계 분석을 위한 이론적 틀의 모색은 중요하다. 앞의 서울대 국제문제연구소가 펴낸 책은 이러한 노력의 일환이다. 이를 계기로 보다 적실성 있고 만족스러운 남북관계 설명이론의 발전을 위한 노력과 구체적인 통시적 사례연구들의 축적이 요구된다. 그러나 필자의 글은 특정한 일반이론이나 세부이론에 입각하여 남북관계를 분석하고자 하는 시도는 아니다.

는 이 세 수준의 연관과 상호작용의 결과물로 볼 수 있다. 그렇기 때문에 이 세 수준에서 조화와 균형이 이루어지지 않는 한 남북관계 발전은 정체 또는 후퇴하는 것이다. 남북 간의 4대 합의도 남북의 정책결정자가 각기 국제환경과 국내요인이 제공하는 공간과 압력 속에서 만들어 온 산물로 보아야 할 것이다. 물론 남북관계의 진전과 후퇴를 규율하는 위 세 수준 간의 위계의 문제는 합의별 또는 해당 시기 남북관계의 국면별로 다르다고 볼 수 있다. 그리고 특정 수준이 어떤 국면에서는 합의를 가능하게 하는 요인이 되기도 하고, 또 다른 국면에서는 합의 이행을 제약하는 요인이 되기도 한다.

그럼에도 불구하고 이 세 수준 가운데 어느 한 수준만으로는 남북관계의 진전과 후퇴를 온전하게 설명하기 어렵다. 세 수준을 동시에 고려할 때 제대로 이해하고 설명할 수 있을 것이다. 원인의 간결성을 중시하고 추구하는 방법만으로는 다수의 원인을 갖는 사건과 현상을 제대로 설명하기 어려울지 모른다. 이 경우 간결성과 일반화의 '우아함'보다는 다중인과관계 설정이 오히려 타당한 설명도구가 될 것이다.[3] 케네스 월츠(Kenneth Waltz)의 세 가지 이미지[4]는 위와 같은 방식으로 남북관계를 접근하고 설명하는 데 도움을 줄 수 있다. 물론 월츠는 주로 국제정치에서 전쟁의 원인을 설명하기 위해 그와 같은 이론적 분석을 시도했다. 하지만 이를 남북관계 분석에도 적용해 볼 수 있다.

주지하듯이 제1이미지(the first image)는 국제정치를 인간 본성, 즉 권력욕, 이기심, 공격적 성향 등으로 설명한다. 이는 남북한에서 어떤 지도자가 집권하고 있느냐에 따라서 남북관계 자체가 변화할 수 있음

---

[3] John Lewis Gaddis, *The landscape of History* (Oxford: Oxford University Press, 2002).

[4] Kenneth N. Waltz, *Man, the State, and War: A Theoretical Analysis* (New York: Columbia University Press, 1959).

을 뜻한다. 제2이미지(the second image)는 어떠한 정치체제 또는 경제
체제가 지닌 내부적인 특징에 의하여 국제정치 현상을 설명한다. 제2
이미지를 남북관계에 적용하면 남북한의 정권유형이나 정치와 경제의
제도 및 정책에 따라 남북관계가 변화할 수 있다는 것이다. 한편 제3
이미지(the third image)는 무정부상태(anarchy)라는 국제정치의 구조적
특징에 비추어 국제정치 현상을 설명한다. 이는 남북관계를 지도자 개
인이나 남북한 체제 내부의 특성이 아니라 국제환경 변화의 관점에서
이해하는 것이다.5) 이 글에서는 이와 같은 3가지 이미지를 염두에 두
고 남북관계를 논의하되 분석의 편의상 남북관계 전체를 논의 대상으
로 삼기보다는 남북관계의 전환점을 구성하는 4대 합의 국면을 중심
으로 살펴보고자 한다.

II. 남북관계의 한계선

남북관계나 남북 간의 합의가 국제환경, 내부요인, 지도자의 의지와
정책 성향 등과 같은 세 수준으로부터 영향을 받는다는 점은 재론을

---

5) 북한의 경우 남북관계나 남북합의에 영향을 미치는 것은 일단 국제환경을 통제
(control)하면 최고지도자와 정책결정그룹의 몫이다. 특히 최고지도자의 상황 인식
과 정책 성향이 가장 중요한 결정요인이라고 할 수 있다. 그렇지만 북한 역시 국내
정치적 안정, 주민결속, 그리고 국내적 정당화 도모로부터 자유로울 수는 없다. 그
리고 이를 위해 긴장 또는 화해 국면 조성으로 남북관계나 남북 간의 합의를 활용
한다고 보아야 할 것이다. 어쨌든 북한의 핵개발, 무력도발, 정치·사상 중시의 대
남정책의 관성, 남북관계의 대(對)북미관계 종속 등과 같은 북한의 정책과 선택이
남북관계에 영향을 미치고 있다. 이 글이 남북을 대칭적으로 논의하지 못하고 주로
서술의 초점을 남한에 두고 있는 것은 한계라고 할 수 있다. 다만 분석의 편의뿐만
아니라 남북관계 운영에 대한 한국의 역할과 책임문제를 보기 위해 이와 같은 논의
방식이 유용할 수 있다.

요하지 않는다. 좀 더 세분해서 말한다면 국제환경은 남북관계의 가능
범위와 큰 방향성을 설정하지만 구체적인 남북관계 구성은 남북한 국
내정치와 지도자의 몫이다. 이 점에서는 남북관계도 국제관계 일반과
크게 다르지 않다. 그런데 이 세 수준의 기계적 적용만으로는 남북관
계를 제대로 설명하기 어렵다. 국제환경과 같은 국제체제변수의 영향
은 지역별로 상이할 수밖에 없다. 더욱이 남북한은 분단국가이다. 그
렇다면 체제와 이념을 달리하는 분단체제하의 남북관계는 과연 어느
정도까지 발전할 수 있을 것인가? 결론부터 말한다면 분단체제하 남북
관계의 발전은 무한히 확대 · 심화될 수 있는 것이 아닐 것이다. '남북
관계의 한계선(boundary of inter-Korean relations)'이라고도 칭할 수 있
는 일종의 구조적 제약에 놓여 있다.[6] 즉 남북관계는 화해 · 협력이 상
대방 체제로의 통합이 되지 않도록 하는 '상한선'과 대립과 경쟁이 전
쟁 발발로 이어지지 않도록 하는 '하한선' 사이의 공간에서 전개되고
있다고 보아야 할 것이다. 다시 말해 남북관계가 아무리 발전하더라도
어느 일방의 상대방 체제로의 자발적 통합은 상정하기 어렵다는 것이
다. 또한 남북관계가 아무리 악화되더라도 남북 간의 전쟁 상황은 쌍
방이 가급적 피하고자 한다는 것이다. 따라서 한국전쟁 후 남북관계는

---

[6] 이 남북관계의 한계선과 남북관계를 규율하는 세 수준이 구체적으로 어떠한 연관을
지니고 있는가도 논의의 대상이다. 다만 이 글에서는 국제환경과 같은 국제체제변
수가 남북관계를 만들어가는 당사자인 남북한의 국내정치와 지도자의 선택에 영향
을 미치되 매개 영역인 남북관계의 한계선을 경유한다고 설정한다. 이렇게 보면 국
제환경과 같은 국제체제변수는 남북관계의 가능 범위와 방향성을 거시적 수준에서
규율하는 제1의 허용요인(permissive factors), 남북관계의 한계선은 이를 중범위 수
준에서 규율하는 제2의 허용요인으로 볼 수 있다. 그러나 제1의 허용요인은 국제정
세에 따라 유동성을 갖는 변수라고 할 수 있으나, 제2의 허용요인은 분단체제가 지
속되는 한 상대적으로 안정성을 갖는 일종의 상수이자 구조적 제약이라고 할 수 있
다. 그리고 남북한의 국내정치와 지도자는 구체적 수준에서 남북관계의 결정요인
(determining factors)으로 이해할 수 있다.

이와 같은 한계선 내에서 전개되고 있다고 할 수 있다.

그렇다면 남북관계는 왜 이와 같은 한계선을 가지고 있는가? 첫째는 남북 간의 체제경쟁이다. 분단국가인 남북한은 각기 상대 체제의 정당성 부재를 드러내고, 자기 체제의 정당성 유지·제고를 통해 체제경쟁에서 우위를 도모하는 목표를 완전히 폐기하기 어렵다. 그렇기 때문에 남북경협이 가속화되고 사회·문화교류가 증대되어도 체제와 이념이 다른 상대방을 정치·군사적으로 용인하기는 어렵다. 남북관계가 갖는 이와 같은 체제경쟁의 속성 때문에 정치·군사적으로 민감한 이슈[7]는 여전히 남북관계에서 풀기 힘든 문제이다. 그 결과 남북관계의 현실은 협력의 독주(獨奏)보다는 경쟁과 협력의 이중주(二重奏)로 구성된다. 둘째는 체제경쟁과 같은 동전의 다른 면을 이루고 있는 남북 간의 통일의 주도권 다툼이다. 남북은 시기에 따라 다소 차이는 있지만 기본적으로 체제경쟁에서의 우위를 바탕으로 통일의 주도권을 쥐고 자신의 체제와 이념을 상대에게 확장하는 방식 또는 자신이 원하는 방식의 통일방안을 선호한다. 그 결과 체제역량에서 우위에 있는 체제는 자기 체제를 상대방에게 이식 또는 확대하려고 한다. 반면에 열위에 있는 체제는 이러한 상황의 도래를 결단코 저지하려고 한다.

셋째는 3년간의 참혹한 전쟁을 치른 후에도 남북의 군사적 대치 상황이 종식되지 않고 있는 정전체제의 지속[8]이다. 즉 남북이 항구적인 평화체제를 정착시키지 못하고 전투를 일시 중지하고 있는 불안정한

---

[7] 노무현 정부 시기 북한이 제기했던 ①한미합동군사훈련 중단, ②국가보안법 폐지, ③NLL 폐기, ④김일성의 시신이 안치된 금수산기념궁전과 혁명열사능과 같은 참관지 제한 철폐 등과 4대 근본문제 등이 그 예이다.

[8] 이에 대한 최근의 주요 논의로는 김학재, 『판문점체제의 기원』(서울: 후마니타스, 2015); 김명섭, 『전쟁과 평화: 6.25전쟁과 정전체제의 탄생』(서울: 서강대학교 출판부, 2015) 참조.

상태이다. 때문에 한반도 정전체제는 그 자체로 남북 간 긴장과 갈등의 근원이 되고 있다. 김대중 정부시기부터 '정경분리' 원칙을 내세워 정치적·군사적 갈등과 상관없이 경제협력은 지속적으로 일관되게 진행할 수 있도록 노력했다.[9] 그러나 그 후 군사적 긴장과 충돌은 남북관계를 교착시키고 남북경협을 경색시킬 수밖에 없었다. 이는 2013년의 개성공단 중단사태와 2016년의 개성공단 폐쇄가 극적으로 보여주고 있다. 따라서 정전체제하의 군사적 대치라는 구조는 정경분리의 남북교류·협력을 용이하지 않게 하거나 사실상 불가능하게 만드는 장

[9] 지금까지의 남북관계가 보여주듯 남북한 간의 교류·협력 중심의 기능주의만으로는 한계가 있다. 따라서 기능주의 단계론을 넘어 남북 간에 정치·군사 문제의 해결을 적절한 차원에서 배합·병행해서 풀어가는 노력과 정책이 필요하다. 그리하여 기능주의단계론은 남북 간의 적대적인 정치·군사 구조를 약화 또는 해체하기 위한 노력과 적절히 조합될 필요가 있다. 남북대화가 진행되고 있던 1971년 12월 이후락 중앙정보부장은 하비브 주한 미 대사를 만나 향후 고위급 회담에서 논의할 현안들을 밝혔는데, 거기에는 남북 상호불가침, 상호 감군, 상대방 체제의 존중, 이들 협정에 대한 강대국 보장 등 북한이 우선적 해결을 주장해 온 정치·군사 현안들을 포함하고 있었다. 따라서 남북 간의 타협의 여지가 있었다. 그러나 1972년 4월 이후락의 방북과 관련, 박대통령이 허가한 훈령은 단계적 접근을 강조했다. 박대통령은 이산가족 찾기를 먼저 하고 그 다음에 경제, 문화 등 비정치적 문제, 그리고 최종단계로 정치·군사 문제를 다룰 것을 지시했다. 김연철, "7.4남북공동성명의 재해석: 데탕트와 유신체제의 관계,"『역사비평』(2012년 여름), p.236. 7.4공동성명 당시 비정치적 교류 우선론과 군사·정치 문제 해결 우선론 간의 쟁점에 대한 자세한 논의는 홍석률,『분단의 히스테리: 공개문서로 보는 미중관계와 한반도』(파주: 창비, 2012), pp.232~243 참조. 또한 1991년의 남북기본합의서에서는 북한이 전통적으로 강조해온 '군사 문제 우선 해결'과 남한이 강조해온 '교류협력 문제 우선 해결'을 통합하여 모든 사안을 병행적으로 협의, 이행하기로 함으로써 1972년 7.4공동성명에 비해 진전을 보았다. 한편 2007년 10.4선언은 6.15공동선언에 담기지 않았던 군사적 긴장완화와 불가침 의무 등을 합의문에 명시함으로써 경협을 확대, 발전시키기 위해서 필수조건이었던 군사적 신뢰구축 문제를 본격적으로 다루었다. 그리하여 군사 분야의 평화 증진과 경제 협력 분야의 번영을 동시에 도모할 수 있는 계기를 마련하였다. 그러나 10.4선언의 이와 같은 합의는 정권교체로 물거품이 되고 말았다. 그러므로 현재로서는 사문화된 10.4선언의 그와 같은 군사와 교류·협력의 병행 합의를 되살리는 노력이 필요하다.

벽이라고 할 수 있다. 넷째는 국내냉전의 지속이다.[10] 분단과 전쟁이 준 상처, 냉전의 내화(內化)와 더불어 구축된 국가보안법 등 냉전적 정책과 제도, 그리고 상대에 대한 적과 동포라는 이중적 정체성이 탈냉전·민주화 이후에도 온존하고 있다. 이 때문에 남북 간의 화해·협력으로 동포의 정체성이 확대되다가도 북핵문제나 '최고 존엄 모독' 등의 문제가 불거지면 쉽사리 적의 정체성으로 전변되고 마는 것이 남북관계의 현주소이다. 다섯째, 한반도의 분단체제는 소분단체제[11]로서 강대국 정치의 동향이나 국제환경의 영향이 크다는 점이다. 따라서 남북관계가 독자적 동력이나 공간보다는 미소냉전, 미중데탕트, 탈냉전, 북핵문제, 북미관계, 미중경쟁 등에 결박되어 움직이는 경우가 많다. 특히 1993년 1차 북핵위기 이래 남북관계의 국제화가 다시 강화되어 왔다. 1970년대 초부터의 분단문제의 내재화 흐름[12]이 북핵문제의 대두로 인하여 굴절됨으로써 남북관계의 국제화가 재호명되었다.

그러므로 남북관계의 발전을 위해서는 남북관계의 한계선으로 작용하고 있는 분단체제하 남북한 체제경쟁 불변, 통일의 주도권 포기 불가, 군사적 대치상황이라는 정전체제하의 남북경협 및 정경분리의 한계, 국내냉전의 관성, 외인에 민감한 한반도 분단체제 등과 같은 구조

---

10) 국내냉전에 대해서는 박찬표, "국내 냉전구조 극복의 시도와 좌절," 박인휘 외 편, 『탈냉전사의 인식』 (파주, 한길사, 2012) 참조.

11) 이삼성은 미소냉전과 중국 공산화의 요인들이 복합적으로 작용하여 한반도에 소분단체제가 고착되었다고 말하고 있다. 자세한 논의는 이삼성, "동아시아 대분단체제: 전후 동아시아 질서의 개념적 재구성과 '냉전'," 『냉전과 동아시아 분단체제』 (한국냉전학회 창립 기념 학술대회 발표논문집, 2015년 6월 25일, 성균관대 600주년 기념관) 참조.

12) 이에 대해서는 채리아, "한반도 냉전의 내재화: 남북한 관계 1971-1976 (Making the Cold War Their Own: Inter-Korean Relations, 1971-1976)" (서울대학교 국제대학원 국제학 박사학위논문, 2015. 08) 참조. 통일문제의 국제화 및 자주화 흐름에 대해서는 심지연, 『남북한 통일방안의 전개와 수렴』 (서울: 돌베개, 2001) 참조.

적 제약의 근원적 해소가 필요하다. 그러나 이는 궁극적으로 분단체제의 해소와 더불어 가능하게 될 것이다. 그러면 남북관계의 한계선은 4대합의의 이행을 어떻게 제약해 왔는가?

돌이켜보면 남북한 체제경쟁과 군사적 대치상황이라는 제약은 7.4 남북공동성명, 1991년 남북기본합의서의 의미를 한정지우고 결국 무색하게 만들었다. 군사적 대치상황에서 진행되는 남북대화 과정에서 남북한도 미국과 중국도 결코 기존의 동맹관계를 약화시키려고 하지 않았다. 그 때문에 남북관계의 진전과 동맹 강화라는 '불편한 결합' 속에 남북관계 발전은 일정한 한계를 지닐 수밖에 없었다.

또한 남북대화 과정에서 남북은 체제경쟁을 하면서, 대외적으로는 치열한 외교경쟁을 벌였다. 체제경쟁과 외교경쟁이 격화되는 속에서 남북관계가 진전되기 어렵다는 점은 자명하다. 1970년대 초 남북대화와 더불어 남북은 과거 적대적이거나 비우호적이었던 상대 진영의 국가들과 접촉과 교류를 확대하려고 했다. 이를 통해 상대방을 고립시키고 자신의 외교적 기반을 넓혀나가려고 한 것이다. 그리하여 북한의 대일, 대미 접근과 남한의 대소, 대중 접근 시도와 접촉이 이루어졌다. 그러나 남북한은 모두 자기 진영에 속하는 국가들이 상대방과 관계를 맺는 것을 저지하려고 했다.[13]

한편 북방정책을 추진했던 노태우 정부는 한소수교와 한중수교라는 큰 성과를 가져왔지만, 북미 및 북일 관계 개선을 저지함으로써 북한을 핵에 의존한 생존 모색으로 몰고 간 측면이 없지 않다. 결국 한반도 교차승인의 미완은 북한의 고립과 남북관계의 경색을 가져 왔고, 종국에는 북방정책 자체의 파탄으로 귀결되고 말았다.[14] 여기에서 우리는

---

13) 홍석률, 앞의 책, pp.299~334 참조.

남북 간의 외교경쟁과 남북관계 진전이 병행될 수 없음을 거듭 확인하게 된다. 또한 이와 같은 체제경쟁 및 외교경쟁은 결국 통일문제에서의 주도권 경쟁과 직결되는 것이다. 요컨대 남북관계는 '근원적인 경쟁'과 '잠정적인 협력'이라는 딜레마에 놓여 있다.

그리고 6.15공동선언과 10.4선언 이후의 사태에서 볼 수 있듯이 국내냉전 지속 속에서 남북갈등의 완화 노력, 즉 남북 간의 화해·협력 시도는 남남갈등을 동반하였다. 남북 간 화해·협력 진전은 그간 분단을 구실로 제약받던 정치, 경제, 사회 전반에 대한 변화와 개혁 요구를 분출시키는 계기가 될 수 있다. 따라서 남북 화해·협력을 둘러싼 논란과 갈등의 기저에는 그것이 초래할 수 있는 이해득실, 자원배분, 권력관계, 이념 등의 각축[15]이 자리 잡고 있는 경우가 많다. 또한 그 결과 남북 화해·협력 시도는 기존 질서와의 마찰과 갈등을 수반한다. 국내냉전의 관성을 감안할 때 이와 같은 논란과 갈등은 결코 일시적인 현상이 아니라 앞으로도 상당 기간 지속될 구조적 현상이라고 볼 수 있다.

또한 한반도의 분단, 4대합의의 타결 배경에서 알 수 있듯이 남북관계는 남북한 내부뿐만 아니라 강대국이 주도하는 상위에 있는 세계질서(global order)나 동북아 지역질서(regional order)의 영향을 많이 받고 있다. 그리하여 남북관계 발전이 남북 간의 의도, 노력, 동력으로만 환원되지 않는다는 점이다. 분단질서의 해체 또한 크게 다르지 않을 것으로 전망된다.

---

14) 신종대, "서울의 환호, 평양의 좌절과 대처: 서울올림픽과 남북관계,"『동서연구』제 25권 제3호, (2013) 참조.
15) 대북포용정책 추진 과정에서 빚어진 정체성 논란과 국내정치의 쟁투에 대해서는 Jong Kun Choi, "Sunshiine over A Barren Soil: The Domestic Politics of Engagement Identity Formation in South Korea," *Asian Perspective*, Vol.34, No.4 (2010) 참조.

이와 같이 화해는 짧고 대립이 긴 남북관계가 반복되는 이유는 서두에서 지적한 해당 시기별 국제환경, 국내요인, 지도자 등 세 수준의 영향뿐만 아니라 남북관계 발전의 범위를 제한하고 있는 남북관계의 한계선에서 찾을 수 있다.

그런데 6.15공동선언, 10.4선언에서는 이와 같은 제약을 일정하게 변경해 보려고 시도하였다. 김대중, 노무현 정부는 이전 시기와 같은 노골적인 체제경쟁과 외교경쟁이 아니라 북한을 포용하고 남북관계 개선을 통해 북미관계 진전을 촉진하려고 노력하였다. 6.15공동선언에서는 남북한 통일 방안의 공통성 합의 도출을 시도했다. 10.4선언에서는 군사적 긴장완화와 교류·협력의 병행 추진을 합의문에 담았다. 그러나 그러한 노력과 시도는 그 후 국제환경 및 국내정치의 변화로 지속되지 못했다. 이명박·박근혜 정부에서는 다시 군사적 대치 상황과 냉전적 대립이 남북관계 전반을 차지하는 듯한 현상이 벌어졌다.[16]

III. 남북관계 발전의 조건

남북관계의 한계선이라는 구조적 제약 속에서 특정 시기의 남북관계는 그 시기의 국제환경, 국내정치, 그리고 정책결정자의 선택이라는

---

[16] 남북관계에 한계선을 설정하는 제약 가운데에는 남북 간의 대화와 협력을 통해 일정 정도 완화할 수 있는 문제와 분단체제가 지속되는 한 풀기 어려운 문제, 그리고 남북 당사자만의 노력으로는 역부족이며 미국 등 동북아 다자간 협력을 통해서만 풀 수 있는 문제가 있을 것이다. 이와 같은 점을 감안하여 김대중, 노무현 정부의 의미있는 정책 유산은 계승·발전시켜 나가야 할 것이다. 또한 한반도의 평화정착과 통일기반 조성을 위한 동북아 협력구도를 이끌어내고 강화하는 데 남북 또는 한국이 당사자 혹은 조정자로서의 주도적 역할을 해야만 할 것이다.

세 수준의 반영이라고 할 수 있다. 우선 미국의 대한반도정책을 포함한 국제환경은 남북관계와 한국의 대북정책에 영향을 미치는 중요한 요인이다.[17] 돌이켜보면 미중과 미소 간의 데탕트 없이 1972년 7.4공동성명 채택은 가능하지 않았을 것이다. 또한 탈냉전이라는 국제환경의 변화 없이 1991년의 남북기본합의서 채택은 어려웠을 것이다. 2000년 남북정상회담과 6.15공동선언 역시 당시 북핵문제의 동결과 북미관계의 안정이라는 대외환경 속에서 가능할 수 있었다.[18] 또한 노무현정부의 노력에도 불구하고 남북정상회담이 성사되지 못하다가 2007년 10월에야 성사되고 10.4선언이 합의된 것도, 부시행정부의 대북정책이 협상국면으로 전환되어 한반도 국제관계 환경이 변화된 데 기인한 점을 무시할 수 없다.

이와 같이 남북관계나 한국의 대북정책에 대한 국제환경의 영향은 크고 중요하다. 따라서 남북합의가 합의 자체에 머물지 않고 합의 이후에도 지속적인 이행의 안정성을 확보하고 남북관계 발전에 기여하기 위해서는 우호적인 국제환경이 필요하다. 미중갈등이나 북미갈등 등 동북아 역내 국가들 간의 긴장과 대립이 고조되는 상황에서는 남북 간 합의가 성사되기도 어렵거니와 설사 성사된다고 하더라도 지속되기 어려울 것이다.

다만 남북관계에 영향을 주는 국제환경을 염두에 두되, 여기서는 주로 국내요인과 지도자라는 두 요인에 초점을 맞추어 지속가능한 남북관계를 위한 조건과 과제를 논의해 보고자 한다. 그렇게 함으로써 세

---

17) 이러한 논의로는 황지환, "남북한 관계의 국제정치학," 서울대 국제문제연구소 편, 앞의 책 참조.
18) 미국은 1999년 10월 페리보고서가 제출된 이후 북한과의 관계개선을 위한 본격적인 노력에 착수했다.

요인 가운데 비교적 남북이 갖는 자율성의 여지가 크다고 간주되는 두 요인 수준에서 남북이 관계발전을 위해 어떻게 접근하고 노력해 왔는지를 반추해 볼 수 있을 것이다. 더불어 남북관계의 침체 또는 역진을 국제환경의 탓으로 돌리기보다는 우선적으로 한반도 내부에서 찾고 남북 당사자의 책임과 역할로 돌려 스스로 반성해보는 의미도 있을 것이다.

먼저 국내요인에 대해서 살펴보자.[19] 7.4공동성명의 배경에는 1960년대 치열한 남북 체제경쟁의 결과 1970년대 초 박정희 정부가 거둔 경제성장의 성과와 자신감이 작용했음을 간과할 수 없다. 그로 인해 상대적으로 유화적인 대북정책 추진이 가능했다고 할 것이다. 물론 경제성장만으로는 북한에 대한 대북유화정책으로의 전환을 만족스럽게 설명하기 어렵다. 거기에 더해 1971년 대선에서의 김대중 후보의 놀랄 만한 선전과 정부·여당의 보수적인 대북정책과는 다른 야당의 남북화해와 교류 및 평화통일론에 대한 표심의 호응 등이 영향을 미쳤다. 박정희 정부는 이 같은 국내정치적 도전에 적절히 대응할 필요가 있었다고 할 것이다. 같은 맥락에서 7.4공동성명은 통일문제에 대한 국민들의 관심에 부응하고 국내정치적 입지를 강화하기 위해서도 유용했다. 이처럼 박정희 정권의 남북대화 추진과 7.4공동성명은 국내정치적 압력과 고려가 일정하게 반영되어 있었다. 한편 북한 역시 높은 군사비 부담과 경제성장의 한계로 인한 국내적 피로와 압박으로 남북 간의 긴장완화가 필요했다. 이와 같이 7.4공동성명이 발표되는 과정에는 당시 급변하던 국제질서의 영향 외에도 남북한의 국내요인들이 작용했

---

[19] 남북관계와 국내정치의 연관에 대해서는 임수호, "국내정치와 남북한 관계," 서울대 국제문제연구소 편, 앞의 책; 신종대, "김대중·노무현 정부의 대북정책과 국내정치: 문제는 '밖'이 아니라 '안'이다,"『한국과 국제정치』제29권 제2호, (2013년 여름호) 참조.

다고 할 수 있다. 7.4공동성명이 파국을 맞이하게 된 것도 유신체제와 유일체제 등장이라는 남과 북의 국내정치와의 연관이 크다. 우리는 여기에서 7.4공동성명을 발표하는데 주요 동력을 제공했던 국제환경이 국내정치의 대응까지는 제어할 수 없었음을 알 수 있다.

노태우 정부의 북방정책[20] 시도도 정부 출범 시기부터의 정치적 토대의 취약성을 대외정책을 통해 만회하려는 의도를 담고 있었다. 1988년 4월에 실시된 총선에서 여당인 민정당은 국회 의석 과반을 확보하는 데 실패하여 여소야대 국회가 구성되었다. 그 결과 노태우 대통령의 정치적 입지는 더욱 좁아졌다. 1988년 7.7선언은 이러한 상황에서 발표되었다. 북방정책 추진은 여소야대와 5공청산 등의 민주화 열풍속에서 정치적 난국을 돌파하는 유용한 정책수단이자 정치적 자원으로 기능할 수 있었다. 그리고 1991년 남북기본합의서는 노태우 정부의 주요 치적으로 제시되었다. 그러나 노태우 정부 집권 후반기의 여권 내의 균열과 국내정치의 급속한 보수화 및 공안정국의 도래로 남북관계사의 큰 획을 그었던 남북합의서 국면도 막을 내리고 말았다. 한편북한은 당시 체제역량 면에서 우위에 있는 남한의 적극적인 북방정책 공세로부터 당장 북한체제를 방어하기 위해서라도 남북기본합의서 채택에 동의하지 않을 수 없었다. 북한의 입장에서 남북기본합의서는 수세적 국면에서의 내키지 않는 부득이한 선택이었다. 따라서 애초부터 합의의 지속을 기대하기는 어려웠다.

김대중 정부의 대북포용정책 추진은 1997년 말 대선에서 새천년민주당이라는 개혁적 보수세력 중심으로의 수평적 정권교체로 가능할

---

20) 하용출 외, 『북방정책: 기원, 전개, 영향』(서울: 서울대학교출판부, 2006); 강원택 편, 『노태우 시대의 재인식』(파주: 나남, 2012) 참조.

수 있었다. 김대중 정부는 2000년 4월 제16대 총선 직전 남북 정상회담 개최 소식을 밝혔다. 남북관계를 국내정치에 활용하여 여소야대를 극복하고 다수파로의 정치적 기반 확장을 기대했던 것이다.[21] 북한 역시 김대중 정부의 대북포용정책에 대한 초기의 의구심이 완화된 조건에서 체제안정과 경제난 해결이라는 다급한 국내 사정에 의해 남한과의 관계개선과 경제협력이 필요했다. 한편 6.15공동선언 후 남한 국내정치에서 대북포용에 대한 반대와 남남갈등의 고조는 대북정책 추진의 발목을 잡는 요소가 되었다. 결과적으로 남북정상회담과 6.15공동선언, 그리고 굵직굵직한 남북경협 사업 추진 등과 같은 대북정책의 성과는 김대중 정부가 기대했던 것만큼의 정계 개편이나 지지 기반을 확충하는 수준에는 이르지 못하였다. 오히려 남남갈등이 이러한 기대를 압도하는 것처럼 보였다.

한편 노무현 정부가 임기 초와 중반에 국내정치적 동기에서 대북정책을 활용할 의도가 있었는지는 불명하다. 그러나 2007년 대선 전 발표된 제2차 남북정상회담 합의는 노무현 정부가 대북정책을 정치적으로 이용한다는 비판을 불러 일으켰다. 제2차 남북정상회담을 전후로 정치권과 시민사회에서 대북정책을 둘러싼 논란과 갈등이 재연되었다. 이는 남북정상회담 개최가 대선 판세에서 영향을 주는 변수로 작용할 수 있다는 개연성 때문이었던 것으로 볼 수 있다. 또한 북한의 입장에서는 국내의 경제난 해소를 위해 남북경협을 한 단계 더 진전시킬 수 있는 10.4선언에 나와 있는 것과 같은 서해평화협력특별지대 설치가 필요했다고 할 수 있다. 10.4선언에서는 남북 간의 경협을 발전시

---

[21] 강원택, 『한국의 선거정치: 이념, 지역, 세대와 미디어』 (서울: 푸른길, 2003), pp.108~137 참조.

키기 위해 필수조건이었던 한반도 평화문제[22)와 군사적 신뢰구축 문제를 본격적으로 다루었다. 또한 남북 차원에서 오랜 쟁점이었던 북핵문제가 논의되고 6자회담의 틀에서 비핵화를 이행하기로 합의를 보았다. 그 결과로 한 단계 진전된 서해평화협력특별지대라는 경제협력 방향에 대한 합의를 이루어 내었다. 그러나 10.4선언 이후 치러진 대통령선거에서 이명박 후보가 당선되어 '비핵·개방3000'을 표방함으로써 대북포용정책은 지속되기 어려웠다. 여야 간의 정권교체와 북한이 비핵·개방3000구상을 남북관계를 파국으로 몰아넣는 "반통일선언"이라고 강력히 비난함으로써 10.4선언은 사문화되고 말았다. 지금까지 개괄한 것처럼 4대합의의 타결과 사문화 과정은 국내정치와 밀접한 연관을 가진다.

그러면 최고지도자는 남북관계에 어떤 영향을 미치는가?[23) 한마디로 남북한의 최고지도자가 어떤 철학과 의지, 그리고 전략을 가지고 있느냐에 따라서 남북관계가 달라질 수 있다. 물론 이것이 최고지도자의 영향력 범위가 국제환경이나 국내정치의 제약으로부터 자유롭거나 이를 압도할 수 있다는 의미는 결코 아니다. 그러나 유사한 국내정치나 국제환경하에서 모든 최고지도자가 유사한 정책을 구사하는 것은 아닐 것이다. 다시 말해 최고지도자는 국내정치나 국제환경에 수동적으로 반응하거나 적응하는 단순한 피동적 존재가 아니다.

7.4공동성명 발표 당시 남한에서 남북관계를 상대적으로 전향적으로 보는 진보적 여론과 진보적 세력도 있었지만, 박정희 정부의 보수

---

22) 정전체제를 평화체제로 전환하는 방향에 대한 공감대 확인과 이를 위한 구체적 행동으로 '종전선언'을 추진하기로 합의한 것을 말한다.

23) 남북관계에 미치는 리더십 변수의 영향에 대해서는 황지환, "남북정상회담과 북핵문제: 한반도 리더십 변수의 재검토," 『국제관계연구』 제18권 제1호, (2013년 봄호) 참조.

성과 더불어, 대체로 보수적 여론과 보수세력이 우위를 점하고 있었다. 물론 이런 조건에서도 남북관계를 진전시키겠다는 대통령의 확고한 의지와 비전이 있었다면 당시의 남북관계가 정상회담 개최를 포함하여 한 단계 더 발전할 수도 있었을 것이다. 그러나 박정희는 그렇게 하지 않았다. 당시 박정희는 북한을 화해와 협력의 동반자로 보지 않았다. 그보다는 여전히 경계해야할 적 내지 치열한 체제경쟁의 상대로 인식하고 있었다. 김일성도 박정희와 크게 다르지 않았다. 당시 박정희는 체제경쟁을 위한 시간 벌기, 김일성은 주한미군 철수를 위한 분위기 조성이라는 동상이몽 속에서 남북관계 자체의 발전보다 자신들의 목적을 달성하는 도구로서 남북대화를 활용하고 있었다. 때문에 7.4공동성명 발표 직후부터 남북대화의 파탄은 예고된 것이나 다름없었다.

한편 노태우 정부는 국내적 민주화와 국제적 탈냉전에 부응하여 전향적인 북방정책을 표방했다. 거기에는 탈냉전의 국제환경을 적극 활용하려는 노 대통령의 의지가 반영되어 있었다. 그럼에도 불구하고 노 대통령은 냉전기의 대북 적대의식과 체제경쟁 의식을 버리지 않았다. 노 대통령은 1988년 7.7선언을 통해 북한을 상생의 동반자라고 공표했음에도 불구하고 실제로는 북한을 향해서 '힘'을 앞세워 고립과 압박을 추구했다.[24] 그리고 국내적으로는 국가보안법을 앞세워 시민사회의

24) 노태우 정부의 북방정책이 북한의 고립화를 추구했느냐의 여부에 대해서는 박철언, 김종휘 등 당시 노태우 정부의 정책엘리트 간에 다소 평가가 엇갈린다. 그러나 박철언 역시 북방정책을 통해 북한의 고립화를 목표로서 추진하지는 않았지만 북방정책의 추진으로 북한의 단기적 고립을 예상했다고 한다. 자세한 내용은 국사편찬위원회 편, 『고위관료들, 북핵위기를 말하다』(과천: 국사편찬위원회, 2009), pp.61, 91; 이근, "노태우 정부의 북방외교: 엘리트 민족주의에 기반한 대전략," 강원택 편, 앞의 책, pp.190~194; 전재성, "북방정책의 평가: 한국 외교대전략의 시원," 강원택 편, 같은 책, pp.227~228 참조. 그리고 노태우 대통령 자신 역시 '7.7선언을 분단고착화

민주화 열기와 통일운동을 정부가 설정한 범위 내로 제한하려고 했다. 말하자면 북방정책 컨트롤타워의 정점에 있었던 노 대통령의 '선언'은 전향적이었지만 노 대통령의 실질적인 인식과 대응은 선언과는 달리 '냉전적 현실주의'를 벗어나지 못했다. 그로 인해 노태우 정부의 북방 정책은 대북정책의 측면에서는 기실 '현실주의적 포용정책'이었다. 이 는 일종의 형용모순이다.[25]

남북 화해·협력을 신념화 해 온 김대중 대통령의 비전과 의지는 대 북포용정책의 추진을 가능하게 한 요인이었음은 주지하는 바다. 노태 우 정부 시기와 비교하여 더욱 진전된 민주화와 수평적 정권교체, 남 북관계 개선에 대한 시민사회의 지지 확대에도 불구하고 김대중 정부 의 대북포용정책에 대한 반대도 적지 않았다. 그러나 김 대통령의 강 한 의지와 신념은 6.15공동선언의 합의와 이행에 추진력이 되었다. 또 그 때문에 당시의 남북관계가 객관적인 국내외의 여건 이상으로 발전 할 수 있었다. 나아가 김 대통령은 남북정상회담 개최를 동력 삼아 북 미관계 진전에도 일정하게 기여했다. 2000년 10월 북한의 조명록 차수 가 워싱턴을 방문하여 클린턴 대통령의 방북을 초청하고, 올브라이트 미 국무장관의 평양 방문으로 클린턴 대통령의 방북이 추진된 것은 남 북정상회담과 김대통령의 적극적인 행보 때문에 가능했던 것이다. 김

시도라고 비난하던 북한도 북방정책이 본격적으로 진행되어 고립상태에 들어가자 남북대화에 나서고 유엔 동시가입 수용으로 돌아설 수밖에 없었다'고 진술한다. 이 는 사실상 '7.7선언에 북한이 굴복한 것으로서 힘에 기초한 대화만이 북한을 변화시 킬 수 있는 증거'라고 강조한다. 노태우, 『노태우회고록 (하) : 전환기의 대전략』 (서 울: 조선뉴스프레스, 2011), p.146.

[25] 이정철, "외교·통일 분화기 한국 보수의 대북정책: 정책연합의 불협화음과 전환기 리더십의 한계," 강원택 편, 앞의 책, pp.247~253; 이제훈, "노태우 정부의 북방정책 과 비대칭적 탈냉전: 남·북·미 3각관계와 3당합당의 영향을 중심으로" (북한대학 원대학교 박사학위논문, 2016), pp.328~329.

대통령은 6.15공동선언 합의 이후 부시행정부의 등장과 2002년 등장한 2차 북핵위기, 그리고 남한 내의 대북포용정책 비판과 그로 인한 남남 갈등 등 국내외 정책 추진 여건의 악화 상황에서도 대북포용 기조를 일관되게 유지하고자 노력했다. 나아가 미국의 대북강경정책을 완화시키는 역할을 수행하면서 '북핵과 경협의 병행' 원칙을 견지했다. 실제 행동에서도 북핵문제의 평화적 해결과 남북관계의 개선을 지속적으로 추진했다. 김 대통령은 국제환경의 변화가 제공하는 기회를 적극 활용하는 한편, 국내외의 제약에 남다른 의지와 노력으로 능동적으로 대처하면서, 남북관계를 획기적으로 진전시키고자 한 점에서 이전의 대통령들과 비교된다.

노무현 대통령의 경우 남북한 화해협력에 대한 일정한 의지를 가지고 있었지만, 이를 신념화하거나 오랫동안 남북문제나 통일문제를 천착해 온 것은 아니었다. 이 점에서 김대중 대통령과 일정한 차이가 있다. 그러나 정권재창출로 인하여 노무현 정부는 지배연합의 성격 면에서 김대중 정부와 유사했다. 뿐만 아니라 대북정책 면에서도 김대중 정부의 대북포용정책을 계승·발전시킨다는 입장에서 출발했다. 다만 노 대통령은 대북특검 수용, 2006년 제1차 북핵실험 이후 대북정책 조정 필요성 시사 등 김 대통령과 비교할 때 일관된 대북포용정책 견지 면에서 일정한 차이를 보여 주었다. 그럼에도 불구하고 노 대통령은 정권재창출로 이전 정부의 대북포용정책을 계승·발전시킨다는 기본 입장을 견지하고 있었다. 노 대통령은 2006년 북한의 핵실험 이후 북미협상의 진전으로 2007년 2.13합의와 10.3합의로 북핵문제가 일정 정도 해결되는 국면에서 남북정상회담을 추진했고, 결국 2007년 10.4선언을 채택했다.

10.4선언을 도출해낸 노 대통령은 김영삼 대통령과 비교할 때 '북핵'

이라는 안보 현안에 휘둘리지 않고 대북포용의 기조를 유지함으로써 남북관계를 통해 북핵문제 해결에 기여할 수 있는 공간을 확보했다는 점에서 차이가 있다. 노 대통령은 부시행정부의 대북강경정책에 단순 동조하지 않고 대화를 통한 북핵 해결 방향으로 미국을 설득시키고자 노력하였다. 또한 노 대통령은 북핵상황에서도 남북관계 유지를 통해 2005년 6.17면담을 성사시켜 북한을 6자회담에 복귀시킴으로써 북핵문제 해결의 계기를 마련했다. 그리고 9.19공동성명 도출에도 일정한 역할을 했다. 이는 북핵상황과 미국의 대북강경정책 속에서도 한국의 적극적 노력에 따라 미국의 대북정책도 일정하게 변화할 수 있음을 확인하는 계기였다.[26] 그러나 10.4선언은 합의 2개월 후에 치러진 대선에서 이명박 후보의 당선으로 여당이 정권재창출에 실패하고 정권교체가 기정사실화되자 사문화의 운명을 맞이하게 되었다. 이는 마치 북방정책을 추진하던 노태우 정부에서 집권당인 민주자유당이 1992년 3월 14대 총선에서 패배하고 동년 12월 김영삼 민주자유당 공동대표의 14대 대선 후보 선출로, 노태우 대통령의 레임 덕이 가속화되면서 북방정책의 추진 동력이 급속히 약화되었던 사정과 유사하다.

이와 같이 역대 대통령들이 남북관계 변화에 얼마나 의지를 갖고 전략적으로 접근하느냐에 따라 남북관계가 상당 정도 달라질 수 있음을 알 수 있다. 또한 국정 최고책임자인 대통령은 자신의 철학과 정책 의지에 따라 국내적 제약이나 국제환경의 기회나 도전에도 능동적으로 대응해서 적극적인 대북정책을 추진하였음을 알 수 있다. 그런 점에서 대통령의 의지와 비전, 그리고 정권 재창출이나 레임덕 여부 등은 대

[26] 김근식, 『대북포용정책의 진화를 위하여』 (파주: 한울, 2011), pp.57~58; "남북합의의 안정성 평가와 새로운 남북합의의 필요조건,"『동아시아평화경제연구』 (창간호 기고논문, 2015), p.8.

북정책의 핵심요인임을 거듭 확인할 수 있다.

지금까지 간략하게 살펴 본대로, 남북합의를 비롯한 남북관계의 발전과 악화는 국제환경의 영향을 받지만 상당 부분 남북한 당사국의 책임과 역량 문제로 돌릴 수 있을 것이다. 남북관계는 국제환경의 제약을 받지만 남북한이 자율성을 발휘할 수 있는 공간이 있다. 특히 탈냉전·민주화 이후 남북관계에서 국내정치의 비중이 커졌다. 그만큼 남북관계에서 '안'이 갖는 자율성의 공간이 확대된 동시에 국내 지지기반이 취약할 경우 정책 추진이나 남북관계 진전이 어렵게 되었다. 그간 한국의 국내외적 역량이 점증되어 온 점을 고려할 때, 남북관계를 구성해 나가는 데 있어서 국내정치와 지도자와 같은 '안'의 역할과 책임은 더욱 큰 비중을 차지한다.

IV. 남북관계 발전의 과제와 전망

지금까지의 논의가 시사하는 바는 분단이 지속되는 한 남북관계의 발전에는 일정한 구조적 제약과 한계가 있다는 점을 인정하고, 그와 같은 한계선 내에서 최대한 가능한 남북관계 개선과 구체적인 교류·협력 사업에 초점을 맞추어야 할 것이라는 점이다. 이것이 시간성을 갖는 역사적 구조(historical structure)로서의 분단체제의 변화 가능성과 이를 위한 노력의 중요성을 부정하는 것이 아님은 물론이다. 오히려 남북관계의 한계선을 인정하면서도 그 한계선 내에서 가능한 남북관계 발전은 일차적으로 남북한 당사국의 책임과 역량 문제라는 것이다. 남북한 모두가 국제환경의 탓이나 상대방에게 책임을 전가하기 이전에, 한계선 내에서 가능한 남북관계 발전을 위해 얼마나 진지하게 노력하고 역량을 발휘해 왔는지 성찰해야 할 것이다. 우선 탈냉전기는 물론이고 냉전기에도 남북한이 하기에 따라서는 남북관계의 한계선과 국제환경의 규정력 속에서도 보다 진전된 남북관계를 만들어 갈 여지가 있었다는 점이다. 이를 발견하고 교훈으로 삼아 발전과 지속을 겸비한 남북관계를 발명할 필요가 있다.

사실 1970년대 초 남북대화 당시에도 미국이 남북대화나 남북관계의 범위를 구체적으로 설정한 것은 아니었다. 중국도 남북관계를 어느 수준까지만 발전시킨다는 세세한 구상과 명세표를 가지고 있지 않았다. 또한 북방정책 추진 당시 노태우 정부가 북한에 대한 압박, 고립을 추구하지 않고 미국과 일본 등을 설득하여 교차승인과 북핵해결을 동시에 추진하는 전략을 추진했다고 가정해 보자. 가령 그랬다면 당시의 남북관계가 많이 달라졌을지 모른다. 요컨대 당시 남북한 당사자들이 하기에 따라서 남북관계가 상당히 진전된 모습을 보일 수도 있었을 것이다. 1990년대 초 노태우 정부는 남북관계에서 한국의 주도적 역할, '선 북핵문제, 후 교차승인'을 주장했다. 그리고 김영삼 정부는 '선 남북관계, 후 북미관계'를 강조했다. 그런데 이와 같은 남북관계의 우선성, 한국의 주도적 역할, 그리고 선 북핵 해결 강조는 얼마만큼 소기의 성과를 거두었는가? 실제의 결과는 남북관계의 진전은 고사하고 남북관계와 북핵문제를 더욱 악화시켜 왔다는 사실이다. 이를 감안할 때 당시 한국 정부가 좀 더 적실하고 정교한 비전과 전략을 가지고 다른 접근을 했다면 실제와는 다른 남북관계를 만들어갈 수 있는 여지도 없지 않았을 것이다.

이처럼 지난 시기의 남북관계의 역사는 우리에게 한국의 주도적 역할 및 남북관계의 우선성을 절대시할 것이 아니라, 유연한 사고와 적실성 있는 전략으로 남북관계 진전을 기해야 함을 시사하고 있다. 그러할 때 남북관계를 발전시키는 데 대북정책의 가능 영역과 한계 영역을 분별함으로써 북미관계 등이 남북관계에 미치는 역학과 역할의 공간을 인정할 수 있을 것이다. 이로써 비단 대북정책이나 한국의 주도적 역할만이 아니라 북미, 북일 관계 개선을 통해서도 남북관계의 발전을 이루는 지혜와 전략을 얻을 수 있을 것이다.

그리고 남북관계를 돌아볼 때 특히 염두에 두어야 할 것은 북미관계 개선 없는 남북관계의 발전은 한계를 가질 수밖에 없다는 점이다.[27] 그런 점에서 한반도의 안정과 남북관계의 발전을 위해서는 한국 정부가 북한외교 목표의 핵심인 북미대화와 북미관계 개선을 적극 권장하고 주도하는 '조정자'로 나설 필요가 있다. 한국의 주도적 역할은 여기에서 발휘될 수 있다. 이는 한국이 구조의 자율성은 아니지만 구조 내의 자율성을 발휘할 수 있는 영역이다. 네트워크이론(network theory)[28]을

---

[27] 주지하듯이 남북관계에 영향을 미치는 주요한 요인은 북미관계와 북핵문제이다. 북미관계가 진전되고 북핵문제가 협상으로 진행되는 국면이면 남북관계 역시 개선의 동력을 얻는다. 그러나 북미관계가 교착되거나 대립국면이 되면서 북핵문제가 악화될 경우는 남북관계도 정체될 수밖에 없다. 물론 남북관계가 북미관계 개선을 돕는 조력자 역할을 할 수도 있다. 2000년 남북정상회담 이후 북미 고위급 교차방문과 관계 개선 시도, 2005년 6.17면담과 9.19공동성명 도출 등이 그 예가 될 수 있다. 그러나 북핵협상 악화로 북미관계가 강경대결로 치달을 경우, 이를 무시하면서 남북관계의 진전을 이루기는 현실적으로 불가능하다. 예를 들면 노무현 정부가 2007년 임기 말에야 남북정상회담을 개최할 수 있었던 것도 그 이전까지 지속되던 부시행정부와 북한의 기싸움이 2.13합의로 북핵협상으로 국면을 전환한 데 따른 것이었음은 이미 앞에서도 지적한 바 있다. 그리고 한국 정부의 대북포용정책으로 남북관계가 개선되는 시기에 미국이 대북 강경정책을 펴는 경우 남북관계 진전은 어려울 수밖에 없다. 김대중 정부는 남북정상회담을 성공적으로 개최했음에도 불구하고 2000년 말 대선에서 부시 대통령 후보의 당선 이후 미국이 취한 북미대결 자세로 인해 남북관계 진전에 어려움을 겪었다. 노무현 정부 역시 임기 내내 부시행정부의 선핵포기와 대북압박 기조 때문에 남북관계는 난항을 겪어야 했다.

[28] Miles Kahler ed., *Networked Politics: Agency, Power, and Governance* (Ithaca and London: Cornell University Press, 2009); Zeev Maoz, *Networks of Nations: The Evolution, Structure and Impact of International Networks, 1816-2001* (Cambridge and New York:

빌어 말하면 동북아협력구도 구축의 구조적 공백(structural holes)으로 작용하고 있는 북핵 및 북한문제의 해결을 위해 동북아에서 한국이 갖는 위치권력(positional power)과 조정자(broker)로서의 역할을 적극 활용할 필요가 있다.29) 물론 그와 같은 영역에서의 한국의 조정자로서의 주도적 역할을 위해서는 한미협력의 강화와 관련 당사국과의 협력이 중요하다. 그리고 무엇보다도 남북 간의 대화와 교류의 확대 · 심화를 통해 한국이 남북관계에서의 채널과 이니셔티브를 확보해야 한다. 이렇게 보면 한반도의 평화와 통일 기반 조성을 위해서는 북핵문제 해결, 남북관계 진전, 북미관계 개선 또는 한반도 평화협정이라는 세 차원을 선후관계로 설정하거나 분리해서 추진하는 것은 바람직하지 않다. 그보다 이 세 바퀴를 동시에 구동시켜 해결을 모색하는 일종의 '세 바퀴정책'을 적극 추진해야 한다.30) 또한 관련국과의 협력을 주선하는 조정자 역할을 하는 것이 요구된다.

한편 김대중 · 노무현 정부의 남남갈등의 예에서 보듯이 남북관계 발전을 위한 안정적인 대북정책 추진을 위해서는 국내적 지지기반 마련이 무엇보다 중요하다. 안정적이고 지속가능한 대북정책의 수립 · 추진을 위해서는 대북정책과 국내정치 간의 관계가 조화를 이루어야 한다. 그리고 그 핵심은 정파적 업적에 급급한 대북정책 성과의 독점보다는 공론화 과정을 통한 정파 간의 공유 노력과 합의 도출이다. 또한 정권교체에 따른 대북정책 기조의 변화를 막기 위해 여야 간의 합

Cambridge University Press, 2010); 하영선 · 김상배 편, 『네트워크 세계정치: 은유에서 분석으로』 (서울: 서울대학교출판문화원, 2012); 김상배, 『아라크네의 국제정치학: 네트워크 세계정치 이론의 도전』 (파주: 한울, 2014) 등 참조.

29) 김상배, "네트워크 이론으로 보는 한반도 통일론: 북한 문제를 보는 새로운 접근법의 모색," 윤영관 편저, 『한반도 통일』 (서울: 늘품플러스, 2013), pp.382~397.

30) 신종대, "북한의 위기공세와 남북관계," 『한반도포커스』 제23호, (2013. 05) 참조.

의는 물론 국민적 합의가 요구된다. 그래서 대북정책이 중장기적인 국가전략 수준으로 정립될 필요가 있다. 예컨대 한반도의 안정과 평화, 북한의 비핵화, 북한 주민의 삶의 질 개선과 인권 향상, 평화 통일 등이 대북정책의 기본 원칙과 방향이 될 수 있을 것이다. 이 점에서 통일헌장 제정보다는 가칭 '남북관계발전헌장'이 더 급선무라고 하겠다. 이를 위한 국민투표를 총선이나 대선 시에 동시에 실시하는 방안도 고려해봄직하다.

또한 대북정책의 정쟁화를 막고 남북관계의 질적 발전을 도모하여 한반도 평화체제를 구축해 나가기 위해서는 무엇보다 국내의 인적·물적 인프라 구축이 선행 또는 병행될 필요가 있다. 요컨대 안정적 대북 관여(engagement)를 위해서는 내부의 합의와 역량 강화가 우선이다. 이를 바탕으로 하여 미국 등 국제사회와의 공동관여를 적절하게 활용하는 정책을 구사할 필요가 있을 것이다. 이 점에서 남북관계 내지 대북정책의 기초가 되고, 또 상대적으로 자율성을 발휘할 수 있는 국내정치 영역에서 역대 한국정부들이 남북관계 발전과 대북정책 지지 기반 조성을 위해 얼마만한 노력과 역량을 보였는지 성찰해야 할 것이다. 역대 정부들이 남북관계 개선 노력에 비해 정작 그 기반이 되는 국내지지 기반 조성을 상대적으로 소홀히 해왔음을 부인하기 어렵다.

마지막으로 남북관계는 힘의 우위를 다투는 체제경쟁의 구조적 속성을 가지고 있다고 지적하였는데, 오늘날 남한의 우세한 체제역량 및 남한에게 유리한 국제환경을 이명박 정부 이후의 리더십이 남북관계의 이니셔티브와 적절한 대북정책으로 제대로 연결하고 있는지 반성해 볼 일이다.

어쩌면 박정희, 전두환, 노태우 정부 등 과거의 권위주의 또는 보수 정부가 북한에 대한 전략적 사고와 정책 면에서는 민주화 이후 보수정부인 이명박, 박근혜 정부보다 한 수 위였는지 모른다. 이명박, 박근혜 정부는 천안함사건에 대한 북한의 사과를 전제로 대화에 소극적이었다. 반면, 오히려 과거의 정부들은 청와대기습기도사건, 아웅산폭파사건, 그리고 1987년 KAL기 폭파사건 뒤에도 분단을 관리하고 남북관계를 상당히 진전시키는 유연한 대북정책을 구사했다고 볼 수 있다. 요컨대 과거의 권위주의정권조차도 맞대응일변도의 대북정책을 견지하지는 않았다. 더욱이 과거의 정부들은 오늘날과 비교하여 불리한 여건과 체제역량 속에서도 남북관계를 관리하고 일정한 대북영향력을 보유할 수 있었다. 그러나 이명박 정부 이후 한국의 대북영향력이 과연 어느 정도인지는 의문이 아닐 수 없다. 더욱이 개성공단이 폐쇄된 현재 한국의 대북영향력과 정책 수단은 거의 없는 상태나 마찬가지이다.

V. 맺음말

분단체제가 지속되는 한 남북 간의 체제경쟁과 외교경쟁 요소를 완전히 배제할 수는 없다. 그러나 분단 70년을 맞는 지금 한국의 우세한 대북 체제역량을 감안할 때 과거 냉전기와 같은 경쟁·대립 버전으로 사고하고 접근하는 것은 곤란하다. 한국의 위상과 체제역량에 걸맞도록 그 방식과 차원이 달라져야 할 것이다. 물론 이명박, 박근혜 정부의 대북정책 기조는 대북압박보다는 원칙에 기반한 대북관여 내지 매파적 관여(hawk engagement)라고 할 수 있다.

그런데 잇단 북한의 배반(defection)으로 '원칙'과 '매파'의 면이 농후해졌다. 북한의 배반에 대한 티포탯(Tit for Tat) 차원에서 취해진 남한의 응징에 북한이 다시 배반으로 대응하는 '배반의 메아리(an unending echo of alternating defections)'가 이어지고 있다. 물론 북한의 핵실험과 무력도발 등의 배반에 대해 우리가 아무 것도 하지 않고 가만히 있을 수는 없다. 북한의 배반에 대한 한국 정부의 응징과 맞대응 의지는 중요하다. 그러나 보다 큰 방점은 남북 간 상호보복의 터널로부터 빠져나올 수 있는 출구전략과 한반도의 안정적인 상황관리에 있다.

제1차 북핵위기 이래 오늘날까지 대북압박정책의 비효과 내지 역효과 명제는 입증되고 있다고 하겠다. 관여정책 외에 다른 대안이 없음을 남북관계사는 가르쳐 주고 있다. 다만, 북한이 사실상의 핵보유국이 된 현실에서 안보적 차원의 대비 없는 관여정책은 상정하기 어렵다. 다시 말해 억지(deterrence)없는 관여, 관여 없는 억지 모두 바람직하지 않을 것이다.

이제 북핵위협에 대한 구체적인 군사적 대응방안을 마련하는 한편, 관여와 대화로 동북아 협력 및 한반도 번영의 구조적 공백인 북에 대한 채널과 일정한 영향력을 유지해야 한다. 이를 토대로 한국과 국제사회가 희망하는 방향으로 장기적으로 북한을 진화시켜 나가는 것이야말로 바람직하고 합리적인 선택이자 정책이 아닐 수 없다.

강원택. 『한국의 선거정치: 이념, 지역, 세대와 미디어』(서울: 푸른길, 2003).

강원택 편. 『노태우 시대의 재인식』(파주: 나남, 2012).

고유환. "2007 남북정상회담 성과와 과제." 『통일문제연구』제19권 제2호, (2007. 11).

국사편찬위원회 편. 『고위관료들, 북핵위기를 말하다』(과천: 국사편찬위원회, 2009).

권만학. "6.15공동선언과 남북한관계: 성과와 한계." 『아태연구』제11권 제1호, (2004.12).

김갑식. "남북기본합의서에 대한 북한의 입장." 『통일문제연구』제20권 제1호, (2011).

김근식. "남북정상회담과 6.15공동선언: 분석과 평가." 『북한연구학회보』제10권 제2호, (2006).

_____. 『대북포용정책의 진화를 위하여』(파주: 한울, 2011).

김명섭. 『전쟁과 평화: 6.25전쟁과 정전체제의 탄생』(서울: 서강대학교 출판부, 2015).

김상배. "네트워크 이론으로 보는 한반도 통일론: 북한 문제를 보는 새로운 접근법의 모색." 윤영관 편저, 『한반도 통일』(서울: 늘품플러스, 2013).

_____. 『아라크네의 국제정치학: 네트워크 세계정치 이론의 도전』(파주: 한울, 2014).

김연철. "7.4남북공동성명의 재해석: 데탕트와 유신체제의 관계." 『역사비평』(2012년 여름호).

김학재. 『판문점체제의 기원』(서울: 후마니타스, 2015).

노태우. 『노태우회고록 (하) : 전환기의 대전략』(서울: 조선뉴스프레스, 2011).

박영자. "남북관계 전략적 상호작용과 남북기본합의서 이행: 시스템 다이내믹스 분석과 전망."『통일문제연구』제20권 제1호, (2011. 06).

박정진. "냉전시대 한반도 갈등관리의 첫 실험, 7.4남북공동성명."『북한연구학
회보』제16권 제1호, (2012).

박찬표. "국내 냉전구조 극복의 시도와 좌절." 박인휘 외 편,『탈냉전사의 인식』
(파주: 한길사, 2012).

신종대. "김대중·노무현 정부의 대북정책과 국내정치: 문제는 '밖'이 아니라 '안'
이다."『한국과 국제정치』제29권 제2호, (2013년 여름호).

_____. "서울의 환호, 평양의 좌절과 대처: 서울올림픽과 남북관계."『동서연구』
제25권 제3호, (2013).

_____. "북한의 위기공세와 남북관계."『한반도포커스』제23호, (2013. 05).

_____. "남북관계사의 분석 수준과 주요 의제."『한국과 국제정치』제30권 제3
호, (2014년 가을).

심지연.『남북한 통일방안의 전개와 수렴』(서울: 돌베개, 2001).

역사문제연구소 엮. "특집 남북기본합의서 20주년: 탈냉전과 한반도."『역사비평』
(2011년 겨울호).

우승지. "남북한 관계 60년 분석: 1948-2008."『국제·지역연구』제17권 제2호,
(2009년 여름).

_____. "세력전이와 남북관계 변화에 대한 고찰." 서울대 국제문제연구소 편,
『남북한 관계와 국제정치이론』(서울: 논형, 2011).

이삼성. "동아시아 대분단체제: 전후 동아시아 질서의 개념적 재구성과 '냉전'."
『냉전과 동아시아 분단체제』(한국냉전학회 창립 기념 학술대회 발표논
문집, 2015년 6월 25일, 성균관대 600주년 기념관).

이제훈. "노태우 정부의 북방정책과 비대칭적 탈냉전: 남·북·미 3각관계와 3당
합당의 영향을 중심으로." (북한대학원대학교 박사학위논문, 2016).

전재성. "분단 70년의 국제환경, 대내구조, 남북 관계의 조명."『통일정책연구』
제24권 제1호, (2015).

채리아. "한반도 냉전의 내재화: 남북한 관계 1971-1976 (Making the Cold War
Their Own: Inter-Korean Relations, 1971-1976)." (서울대학교 국제대학원

국제학 박사학위논문, 2015. 08).

하영선. "북한 1972 진실찾기: 7.4공동성명의 추진과 폐기."『EAI 국가안보패널
　　연구보고서』(2014. 03).

하영선, 김상배 편.『네트워크 세계정치: 은유에서 분석으로』(서울: 서울대학교
　　출판문화원, 2012).

하용출 외.『북방정책: 기원, 전개, 영향』(서울: 서울대학교출판부, 2006).

황지환. "남북정상회담과 북핵문제: 한반도 리더십 변수의 재검토."『국제관계연
　　구』제18권 제1호, (2013년 봄호).

홍석률.『분단의 히스테리: 공개문서로 보는 미중관계와 한반도』(파주: 창비,
　　2012).

Gaddis, John Lewis. *The landscape of History*. Oxford: Oxford University Press,
　　2002.

Choi, Jong Kun. "Sunshiine over A Barren Soil: The Domestic Politics of Engagement
　　Identity Formation in South Korea." *Asian Perspective* Vol. 34, No. 4, 2010.

Waltz, Kenneth N. *Man, the State, and War: A Theoretical Analysis*. New York:
　　Columbia University Press, 1959.

Kahler Miles ed., *Networked Politics: Agency, Power, and Governance*. Ithaca and
　　London: Cornell University Press, 2009.

Maoz, Zeev. *Networks of Nations: The Evolution, Structure and Impact of International
　　Networks, 1816-2001*. Cambridge and New York: Cambridge University
　　Press, 2010.

정전체제와 남북관계

-한반도 평화의 당위성과 가능성-

서 주 석

한국국방연구원 책임연구위원

정전체제와 남북관계
- 한반도 평화의 당위성과 가능성 -

I. 한반도 평화의 당위성

사실상 세계에서 유일한 분단국으로서 한반도에는 남북 간 분쟁과
충돌이 끊이지 않았다. 남북한에 분단 정부가 수립된 직후부터 38선을
사이에 두고 국지적 군사충돌이 잦았고, 6.25전쟁이 1953년 휴전으로
끝난 이후에도 전쟁 위험과 군사적 충돌이 간단없이 이어졌다.

남북 간에는 1960년대 후반 1.21 청와대 기습사건 등 북한의 게릴라
남파에 따른 군사 충돌이 있었고, 1970년대 북한의 북방한계선(NLL) 불
인정 시도와 일련의 땅굴 사건, 그리고 판문점 미루나무 사건이 있었
다. 또 1980년대 아웅산 폭파사건 및 KAL 858기 폭파사건 등 북한의 테
러 도발이 있었고, 1990년대 강릉 잠수함 및 동해 잠수정 사건, 그 후
서해 NLL을 둘러싼 두 차례의 연평해전, 2009년의 대청해전과 2010년
의 천안함·연평도 사건 등 군사도발과 충돌이 지속됐다.

최근에도 남북 간 군사적 긴장은 여전하다. 2013년 3월에는 북한이 그 전 달 감행한 3차 핵실험에 대한 유엔 안보리 제재에 반발하여 정전협정 백지화를 선언했다. 북한은 당시 진행된 한미연합 키리졸브 군사연습에 대해 강력하게 대응하여 미사일 발사 시위를 감행했다. 또 2015년 8월에도 남북 간에 북한의 목함지뢰 도발과 한국의 대북 확성기 방송 재개를 둘러싸고 심각한 갈등과 위기가 있었다. 당시 북한은 준전시상태를 선포하면서 전방 부대에 전쟁 준비를 서둘렀고 한국도 경계태세 격상과 함께 군사적 대비태세를 강화했다.

그동안 남북 간 갈등과 군사 충돌 위험은 한국민 모두에게 심각한 위협과 위기감을 초래했다. 최근 들어 위기가 더욱 상례화되면서 오히려 남한의 국민적 위기의식은 오히려 줄어든 상황이긴 하나, 남북 간 군사적 긴장은 남북한의 정치·경제·사회 등 모든 면에서 긴장과 왜곡을 불러온 것이 사실이다. 특히 한반도 전쟁위험은 한국 경제에 부정적 영향을 끼치는 '코리아 디스카운트'의 핵심적 요소로서 줄곧 부담이 되어 왔다.

남북한 간 긴장과 갈등은 엄청난 피해를 낳으며 3년간 진행된 6.25 전쟁이 휴전으로 끝나고 정전협정에서 합의한 정치회담이 제대로 열리지 못하면서 전쟁 재발 방지와 준영구적 평화보장 체제가 확보되지 못했기 때문이다. 휴전 직후의 정치회담 결렬로 한반도 문제의 평화적 해결이 무산된 뒤 한동안 정전협정을 대체할 평화협정의 체결에 대해 논의 자체가 이루어지지 않았다. 또 정전체제도 당초 합의했던 한반도 외부의 무기반입 금지, DMZ(비무장지대)의 완전 비무장화 등이 지켜지지 못했고, 정전협정에서 제외됐던 해상경계선 부분이 1970년대 이후 NLL 논란으로 문제가 불거져 심각한 분쟁의 불씨가 되었다. 1990년대 후반 4자회담을 통해 한반도 평화체제 문제가 남북한과 미·중 간에 논의되기 시작했지만 입장 차이가 컸고, 2005년 6자회담 9.19 공동 성명에서 한반도 평화체제 협의가 다시 합의됐지만 더 진행이 되지 않았다.

한반도 평화는 반드시 지켜져야 할 중요한 안보적 가치라고 할 수 있지만, 그동안 남북한의 적대관계와 함께 이를 구조적으로 해결하지 못하는 상태가 이어지면서 계속 훼손되어 왔다. 이제는 이를 극복하기 위한 남북관계 개선과 함께 구조적 문제 해결의 길이 모색되어야 한다. 특히 2013년 3차 핵실험 이후 핵미사일 실전배치 등 북한의 핵위협이 목전에 현실화하고 2014년 이후에는 비대칭 위협뿐 아니라 NLL 해상 및 DMZ 육상에서의 재래식 군사위협까지 이어지는 상황에서 한반도 평화 구축을 위한 구조적이고 체계적인 방법이 더욱 절실하다고 하겠다.

이 글은 한반도 평화의 당위성에 관한 문제의식을 바탕으로 정전체제의 수립과 변화 과정을 일별한 뒤 이를 대체하는 한반도 평화체제 논의의 성과와 향후 실현 방향을 제시함으로써 한반도 평화의 가능성을 논하고자 한다.

II. 정전체제의 수립과 변화

1. 정전협정의 이행과 평화보장 규정

한반도 정전체제는 1953년 7월 27일의 한국 정전협정에 기반을 둔다.[1] 정전협정은 1951년 7월부터 열린 2년간의 지루한 휴전회담 끝에 합의 체결되었다. 정전협정 제2조 12항은 "쌍방 사령관은 육·해·공군의 모든 부대와 인원을 포함한 그들의 통제하에 있는 모든 군사력이 한국에서의 일체 적대행위를 완전히 정지할 것을 명령하고 이를 보장한다"고 규정되어 있고, 그에 따라 당일 오후 10시 전투행위는 중지됐다. 이처럼 정전협정은 전쟁에 따른 적대행위의 '정지'에 관한 것으로 전쟁 재발 방지와 평화유지에 관해 일정한 한계를 안고 있었다.

정전협정에 따른 한반도 정전체제는 1950~53년간의 전쟁을 중단하고 전투행위 재발을 막기 위한 제반 장치를 의미한다. 이는 정치회담을 통해 전쟁을 법적으로 완전 종결하기 이전에 군사적 차원에서 일시적으로 적대행위를 중지시키는 잠정적·임시적인 체제로서[2] 정전협정을 이행·준수하기 위한 정전에 관한 원칙과 규범, 군사분계선과 비무장지대로 이루어지는 지리적 규정, 군사정전위원회와 중립국감독위원회로 구성되는 운영체제를 포괄하는 제도적·실제적 규범을 말한다. 물론 이 체제만으로 평화를 유지한 것은 아니며, 이는 같은 시기 만들어진 한미동맹 체제와 함께 전쟁 재발을 막고 도발을 억제하는 역할을 맡아 왔다.

잘 알려진 대로 미국은 당초 정전협정 체결과 한국에 대한 경제·군사원조 제공만으로 전쟁을 일단락 짓고 별도의 한국방위 책임을 지지 않으려 했다. 이에 당시 이승만 대통령은 1953년 5~6월 동맹조약이 체결되지 않으면 휴전협정을 준수하지 않겠다며 강력한 전시 강압외교

---

1) 정전체제의 체제(regime)는 법규 체계 또는 행위를 규제하는 장치로 규정된다. 어떤 특정 행위에 대한 절차, 규칙, 제도를 망라한 것이다. 그러나 정전체제는 전쟁 원인이 제거되지 않은 채 전쟁이 중지되고 평화를 논하게 됨으로써 제도적 미완결과 균열의 가능성을 당초부터 내포한 것이었다. 허만호, "휴전체제의 등장과 변화 : 통일조건의 역사적 모색," 한국정치외교사학회 편, 『한국전쟁과 휴전체제』(집문당, 1998), pp.165~172 참조.
2) 이상철, 『한반도 정전체제』(서울: 한국국방연구원, 2012), pp.33~35.

를 전개했고, 결국 미국은 당초의 입장을 바꾸어 그해 10월 한미상호 방위조약을 체결하고 한국 방위를 위해 주한미군을 계속 주둔하는 데 동의하였다. 그 뒤 한미동맹과 한미 연합전력을 통한 대북 억제가 그동안 전쟁 재발 방지에 실질적으로 기여하였다.[3]

정전협정은 쌍방 군사령관의 합의로서 전쟁 중단과 이를 위한 제반 절차만 규정한 것으로 그 자체로 전쟁을 종결한 것이 아니었다. 정전협정 제4조 60항은 "한국 문제의 평화적 해결을 보장하기 위하여 쌍방의 관계국 정부는 3개월 내에 각기 대표를 파견하여 한급 높은 정치회담을 소집하고 한국으로부터의 외국군대 철수 및 한국 문제의 평화적 해결 등의 문제를 협의할 것"이라고 규정했다. 그러나 미·소 냉전이 치열하고 전쟁 이후에도 한미동맹과 주한미군, 그리고 주북 중국군이 존재하는 상황에서 이 합의는 제대로 지켜질 수 없었고, 결국 1954년에 열린 제네바정치회담이 결렬되면서 이행 중지 상태로 남아 있다.

정전협정은 군사분계선(military demarcation line)과 이를 사이에 둔 비무장지대(DMZ)를 규정함으로써 적대 쌍방을 격리해 전쟁 재발을 막겠다는 구상을 담았다. 협정 제1조 1항은 "군사분계선을 설정하고 쌍방이 이 선으로부터 각기 2km씩 후퇴함으로써 비무장지대를 설정한다"고 되어 있고, 제6항에는 "쌍방은 비무장지내 안에서 또는 비무장지대로부터 또는 비무장지대를 향하여 어떠한 적대 행위도 강행하지 못한다"고 명시하고 있다. 또 협정 제1조 10항은 "(비무장지대 안의) 민사 행정 및 구제 사업을 집행하기 위하여 비무장지대에 들어갈 것을 허가받는 군인 또는 민간인 수는 쌍방 사령관이 각각 결정한다. 단, 어느

---

3) 서주석, "한국전쟁과 한반도 안보구도의 변화," 한국전쟁연구회 편, 『탈냉전시대 한국전쟁의 재조명』 (서울: 백산서당, 2000), pp.458~460.

일방이 허가한 인원의 총수는 1,000명을 초과하지 못한다. 민사행정
경찰의 인원수 및 그가 휴대하는 무기는 군사정전위원회가 규정한다"
라고 되어 있다.

정전협정의 군사분계선과 DMZ 관련 규정은 남북 간 군사대치를 완
화하고 전쟁 재발 방지에 기여했지만, 현재 DMZ는 사실상 군사화되어
있다. 정전체제 초기 DMZ 남북에 설치된 쌍방의 경계철책이 허술하여
이를 넘나드는 공격 행위가 빈발했다. 이에 남북 모두 남방 및 북방한
계선 일대에 강화된 방책선과 함께 소대~대대 규모의 일반전초(GOP)
부대를 배치하여 경계를 강화하게 되었고, 이에 더해 쌍방이 경계작전
상 필요로 인해 추진 방책선을 설치함으로써 정전협정 자체를 상시 위
반하는 상태가 된 곳이 많다. 또 쌍방은 DMZ 안의 자기 쪽 지역에 기
관총으로 무장한 소대급 경계전초(GP) 부대와 진지 수백 곳을 상시 배
치했는데, 이 역시 DMZ에 대한 인원 및 무기 제한 규정을 어긴 것이
다.

1971년 6월 유엔군 측은 군정위에서 "비무장지대의 평화적 이용" 제
안을 통해 쌍방의 DMZ 안 초소와 장애물(지뢰지대 등)을 철거하고 민
간인의 농토로 활용되도록 복구하자고 요구했지만 공산 측의 거부로
무산됐다. 그 뒤에도 한국 정부가 여러 차례 대북 제안을 통해 비무장
지대의 평화적 이용 문제를 제기했지만 상황은 그대로다. 최근에도 한
국 정부가 DMZ 세계평화공원 구성안을 제기했지만 북한의 거부로 논
의가 진행되지 않고 있다.

정전협정은 외부로부터의 군비증강을 규제하여 전쟁 재발을 위한
준비를 억제하고자 했다. 협정 제2조 13항 ㄷ목은 "한국 국경 외로부터
증원하는 군사인원을 들여오는 것을 중지"하고 ㄹ목은 "한국 국경 외
로부터 증강하는 작전비행기, 장갑차량, 무기 및 탄약의 반입을 중지"

한다고 규정하고 있다. 물론 휴전 이후 미국과 중국은 한반도 주둔군을 축소하고 남북한 자체 병력으로 방위를 주도하게 한다는 입장에 따라 1950년대 말까지 각각 주한미군을 30여만 명에서 7만 명으로 줄였고, 주북한 중국군을 130여만 명에서 20만 명 수준으로 감축한 데 이어 1958년 10월 완전 철수하는 조치를 취했다.

그런데 미군 및 중국군의 감축에 따라 부족한 남북한 자체 병력의 무장 강화를 위해 무기 및 장비, 탄약의 반입 소요는 오히려 크게 늘어나게 된다. 협정 체결 뒤 미국과 소련, 중국 모두 남북한에 대한 무기 지원을 시도하였고, 특히 1954~55년에 북한에 대한 중·소의 대규모 무기지원에 이어 1957년 이후 한국에 대한 미국의 공군력 지원이 진행되는 와중에 미국은 1958년 원자무기 배치를 앞두고 1957년 6월 군사정전위원회 회의에서 미국은 협정의 위 조항을 이행하지 않겠다고 공식 선언하기에 이르렀다. 결국 외부로부터의 군비증강 제한 부분이 사문화되면서 한반도에서의 남북한 군비증강 및 긴장 지속에 결과적으로 기여하게 된 셈이다.

정전협정의 경계선 규정이 미비하여 평화를 훼손하는 사례도 있다. 해상경계선과 관련한 북방한계선(NLL) 논란으로 1990년대 이후 남북한은 이미 세 차례 해상교전을 한 바 있다. 이에 관해 협정 제12항 ㄴ목은 "협정이 효력을 발생한 후 10일 이내에 상대방의 후방과 연해제도(沿海諸島) 및 해면으로부터 모든 병력과 보급물자, 장비를 철거한다. …… 단, 황해도와 경기도의 도계선(道界線) 북쪽과 서쪽에 있는 섬 중에서 백령도, 대청도, 소청도, 연평도 및 우도의 유엔군총사령관의 군사통제하에 남겨두는 도서군을 제외한 기타 모든 섬은 북한군총사령관과 중국인민지원군사형관의 군사통제하에 둔다"고 되어 있다.

이처럼 서해 5도의 유엔군 군사통제만 규정하고 인근 해상에서의 경계선은 규정하지 않아 분란의 소지가 있는 상황에서 1953년 8월 유엔군총사령관이 모든 유엔군 병력과 한국군이 더 이상 북진하지 못하도록 NLL을 설정했고, 이에 대해 북한은 1955년 3월에는 12해리 영해법을 실시하여 이 섬 인근 해상을 모두 영해라고 주장하기 시작했으며, 1999년 9월에는 제1차 연평해전 이후엔 서해 우도에서 남서쪽으로 이어지는 서해해상군사분계선을 일방적으로 설정하였다.

1990년대 초 남북은 이에 대한 긴장을 완화하기 위한 적극적 노력을 기울였고, 그 결과 남북기본합의서 11조에 "남북의 불가침 경계선과 구역은 정전협정에 규정된 군사분계선과 지금까지 쌍방이 관할하여 온 구역으로 한다"고 명시하였고, 불가침부속합의서 10조에 "남북의 해상불가침 경계선은 앞으로 계속 협의한다. 해상불가침 구역은 해상불가침 경계선이 확정될 때까지 쌍방이 지금까지 관할하여 온 구역으로 한다"고 규정한 바 있다. '지금까지 쌍방이 관할하여 온 구역'이라는 관점에서 볼 때 그동안 NLL 이남 수역에 대해 지속적인 관할권 행사를 유지해 온 우리가 이따금 문제 제기를 한 북한에 비해 크게 유리한 지위에 있는 것이 사실이나, 남북기본합의서체제가 1992년 말 북핵 문제의 와중에서 사실상 와해되면서 이 합의는 지켜지지 못했다.[4]

2. 정전체제의 변화와 무실화

정전체제는 군사정전위원회(군정위)와 중립국감독위원회(중감위), 그리고 휴전 직후 쌍방의 포로 및 실향민 교환을 위해 일시 조직한 전쟁포로위원회와 실향민귀환협조위원회로 구성되었다.

---

[4] 서주석, "서해 안보와 평화정착," 『황해문화』 제83호, (2008 봄).

군정위는 정전협정의 실시를 감독하고 협정 위반 사건을 협의하여 처리하는 기관으로 유엔군 측과 공산 측 쌍방이 각각 5명의 고급장교로 구성하고 산하에 (최초) 10개의 공동감시소조를 두도록 되어 있으며, 규정상 매일 회의를 열고 쌍방 합의에 의한 휴회는 7일을 넘지 않게 되어 있다. 또 중감위는 앞에서 언급한 협정 제2조 13항 ㄷ목과 ㄹ목, 즉 한반도 외부로부터의 병력 및 무기, 장비, 탄약의 반입을 감독, 감시, 조사 및 시찰하고 그 결과를 군정위에 보고하며, 유엔군 측이 지명한 스웨덴과 스위스, 그리고 공산 측이 지명한 폴란드와 체코슬로바키아 등 4개국 대표로 구성하고 산하에 (최초) 20개의 중립국감시소조를 두어 활동 결과를 보고받게 되어 있다. 이와 함께 전쟁포로위원회는 상대방 지역으로의 송환을 희망하는 포로를 60일 이내 송환하는 임무를 맡아 산하에 공동적십자소조를 두도록 되어 있었고, 실향민귀향협조위원회는 상대방 지역 출신으로 귀향을 원하는 민간인을 될 수 있는 한 신속하게 송환하는 임무를 맡았다.

정전체제는 당초 규정에 따라 변화하기도, 상황이 바뀌면서 변화하기도 하였다. 정전체제의 변화는 곧 한반도 평화상태와 직결되는 것이었다. 앞서의 전쟁포로위원회와 실향민귀향협조위원회는 1953년에 설치됐다가 1954년 초 협정 규정에 의해 모두 해산했다. 그런데 중감위는 한반도 외부로부터의 무기 및 장비 반입을 둘러싸고 휴전 직후부터 유엔군 측과 공산 측의 갈등이 첨예화되면서 논란이 되었다. 중립국감시소조가 북한에서 제대로 감시를 못한 채 남한에서 사실상 간첩 활동을 하는 상황에서 결국 유엔군 측은 1956년 5월 그 기능의 중지를 선언했고, 6월에는 북한의 무기·장비 반입 사실과 중립국감시소조 활동 미흡을 이유로 남한에서도 감시소조 활동을 중지할 것을 선언했다. 그 이후 중감위의 역할은 판문점에서 쌍방 간의 제한적 중재 역할을 수행하는 데 그쳤다.

사실 정전협정 체결 직후부터 위반 사례가 수없이 보고됐다. 1953년부터 위반 통계가 상호 통보된 1993년 말까지 40년간 유엔군 측은 공산 측이 43만 건의 위반행위를 저질렀다고 집계했는데, 여기에는 군사분계선 월선, DMZ 화기 반입과 총격, NLL 침범, 선박 포격과 납치, 영공 침범과 항공기 납치·폭파 등이 포함된다. 공산 측은 유엔군 측이 83만 건의 위반행위를 저질렀다고 집계했는데, DMZ 화기 반입과 요새 건설, 식별 위반 등 외에 상당수는 정치적 선전 목적의 주장으로 여겨진다. 1976년 8월 공산 측 경비병들이 판문점 공동경비구역 내 관측시야 확보 작업 중이던 유엔군 측 장병을 살해한 '도끼만행 사건'은 정전협정 체제에서 가장 큰 위기였다.[5]

1980년대 후반 신데탕트와 그 뒤 구소련 해체에 따른 탈냉전으로 국제 안보환경이 급변하는 상황에서 한국 안보와 한미동맹의 큰 틀에도 일정한 변화가 생겼다. 당시 미국은 동북아 주둔 미군 전력의 전반적 조정의 일환으로 주한미군의 감축과 역할 변경을 추진했고, 이에 따라 한미 간 합의로 '한국방위의 한국화'가 진행되면서 정전체제에도 영향을 미쳤다. 즉, 1991년 3월 유엔군사령관은 과거 주한미군 장성이 맡던 군정위 수석대표로 한국군 장성을 임명하였는데, 북한은 한국이 정전협정 서명국이 아니므로 한국군 장성이 군정위 수석대표를 맡을 수 없다고 신임장 접수를 거부하고 본회담도 거부하기 시작했다. 이때부터 본회담이 열리지 않고 대령급의 비서장회의만 중대 사건 발생시 이따금 개최되고 있다.

북한은 정전체제 무실화를 위해 그 뒤 관련 기구를 무력화하는 조치

---

5) 허만호, 앞의 글, p.175.

를 추가로 취했다. 1994년 4월 군정위에서 북한 측 대표를 철수하고 그
해 5월 '조선인민군 판문점대표부'를 설치했으며, 12월에는 중국군 대
표를 철수시켜 군정위 체제를 무력화했다. 또 1993년 4월 체코슬로바
키아의 국가 분리에 따라 대표의 중감위 자격을 문제삼아 체코슬로바
키아 대표를 철수시켰고 1995년 2월에는 마지막으로 폴란드 대표를 축
출한 뒤 5월 중감위 북측 사무실을 폐쇄했다. 이에 따라 현재 중감위
는 스위스와 스웨덴 대표들이 판문점 유엔군 측 지역에 사무실을 두고
제한적으로 운영되고 있다.[6]

1991년 9월 남북한이 유엔에 동시 가입하자 유엔과 북한 간의 비정
상적 관계의 청산을 이유로 북한은 유엔사 해체 문제를 다시 거론하기
시작했다. 또 1995년 3월에는 "한반도 평화 및 안전보장 대책과 관심사
항에 대한 논의를 위해" 북·미 간 장성급회담을 제안하고 이에 1998년
1월 한·미가 "군정위 틀 안에서" 유엔사-북한군 간 장성급회담 개최
를 요구하여 1998년 6월 이후 군정위를 대신하는 틀로 개최된 바 있다.
유엔사-북한군 장성급회담은 2002년 9월까지 14차례 개최되면서 1998
년 6월의 속초 잠수정 사건과 1999년 6월 및 2002년 6월의 1·2차 연평
해전, 해상경계선 및 신뢰구축조치, 남북 간 철도·도로연결 공사를 위
한 비무장지대 관리구역 설정 등의 사안을 처리하였다. 그 뒤 2009년
3월 15~16차 회담에서 북한은 당시 열렸던 한미연합 군사연습에 대해
비난하는 장소로 활용하기도 했다.

한편, 이와 별도로 남북한은 2000년 남북정상회담 이후 제1차 남북

[6] 현재 군정위는 사실상 와해되어 유엔사 군정위 비서장과 북한군의 판문점대표부 연
락관 사이의 접촉으로 대체되었고, 중감위는 스위스와 스웨덴 대표단을 중심으로
연평해전, 천안함·연평도 사건 등 정전협정 위반사건을 조사하는 유엔사 군정위
활동에 동참하는 한편 한미연합 군사연습과 한국군 단독훈련을 참관하는 등 제한적
이나마 꾸준히 활동을 전개하고 있다. 이상철, 앞의 책, p.43.

국방장관회담을 연 뒤 후속으로 철도·도로연결 공사 및 남북교류협력을 위한 군사적 지원을 위한 남북군사실무회담을 개최했다. 또 2004년 6월 이후 남북장성급군사회담을 개최하여 서해상 및 비무장지대에서의 초보적 신뢰구축조치 합의와 그 뒤 서해 해상에서의 긴장완화 조치에 관한 협의를 추진하였다. 2007년 10월 제2차 남북정상회담에서 '서해평화협력특별지대' 합의가 나온 뒤 그해 11월 제2차 남북국방장관회담에서 공동어로구역 합의가 불발되어 다시 남북장성급군사회담으로 회부됐으나 후속 합의가 이루어지지 못한 상태에서 남북 간 군사회담은 2008년 2월 이후 사실상 중단된 상태이다.[7]

III. 한반도 평화체제 논의와 성과

1. 한반도 평화체제 논의의 역사적 전개

정전협정을 평화협정으로 대체하여 한반도에서 보다 영속적인 평화를 보장하자는 논의는 정전협정 자체에 포함돼 있었고 그에 따라 휴전 직후부터 거론됐다. 앞에서 보았듯 정전협정 60항에 휴전 후 3개월 이내 한국 문제의 평화적 해결을 위한 관계국 정부 간 정치회담 개최가 규정되어 있었지만, 문제는 간단하지 않았다.

최초엔 협정에 규정된 "쌍방의 관계국 정부"가 어디인가에 대한 논쟁이 있었다. 실제 참전한 것은 남북한과 유엔 참전 16개국, 그리고 중

---

7) 서주석, "남북한 군사대화와 협력," 홍사단민족통일운동본부 심포지엄 발표논문, (2008. 11. 17).

국(중공)이지만, 1953년 8월 28일 유엔 총회는 이들 국가에 더해 소련의 참석을 권고한 결의안을 일단 채택했다. 그런데 막상 3개월 시한을 앞두고 10월 26일 열린 정치회담 예비회담에서 공산 측은 소련을 인도 등과 함께 중립국으로 참석시켜 원탁회의를 열 것을 요구했고 이를 둘러싼 논란으로 결국 정치회담 본회담이 제대로 열리지 못한 상태가 지속됐다.

그 뒤 1954년 1월 25일 베를린에서 미·소·영·불 4개국 외상회담이 열려 베트남 문제와 함께 한국 문제를 해결할 정치회담 개최에 합의한 뒤, 남북한과 유엔 참전국, 북한과 중국, 소련 등 19개 국가가 참여하는 제네바회담이 4월 26일부터 2개월간 개최됐으나 전쟁 종결 아닌 통일 방식에 대한 쌍방 이견으로 결국 결렬되고 말았다. 이 회담에서 남한이 유엔 감시하의 자유 총선거를 통한 통일방안을 제시한 데 대해 북한은 평화협정과 유사한 제안을 하였다. 1954년 6월 북한의 제안은 외국군 철수, 1년 이내 10만 명 이하로 남북한 감군 등과 더불어 "전쟁 상태의 점차적 해소와 쌍방 협력의 평화적 태세에의 전환 문제를 논의하고 남북 정부 간 적합한 협정을 체결토록 제의하기 위하여 남북한 대표들로 위원회를 구성"하자는 것이었다.[8]

북한은 1960년 8월 남북한 총선거 실시 및 과도기적 형태로의 남북 연방제를 제안하면서 남북 간에 평화협정을 체결하자는 제안을 수반했다. 북한은 1963년 12월 최고인민회의상임위, '조국전선' 중앙위, '조평통' 합동회의에서 남북 상호 간 무력불사용 협정 및 남북평화협정 체결을 제의했고, 그 뒤 계기 시마다 남북 평화협정 체결을 주장했다.

---

8) "남일 '제네바정치회담' 최종회의 제1차 연설"(1954. 6. 15), 허문영 외, 『한반도 평화체제 : 자료와 해제』(통일연구원, 2007), pp. 278~280.

1973년 6월 김일성 주석은 '조국통일 5대 강령'의 일환으로 북과 남 사이의 군사적 대치상태의 해소, 긴장상태의 완화, 무력증강과 군비경쟁의 중지, 모든 외국군대의 철거, 군대와 군비의 축소, 외국으로부터의 무기 반입의 중지와 더불어 남북 평화협정의 체결을 다시 강조한 바 있다.

북한은 1974년 3월에 처음으로 북미 평화협정 체결을 요구하기 시작했다. 최고인민회의에서 채택된 편지에는 "남한 당국자들은 우리가 외국 군대를 내보내고 평화협정을 맺자고 하여도 그에 응하지 않고 (있어)... 남한에 자기의 군대를 주둔시키고 모든 군사통수권을 틀어지고 있는 미국과 직접 평화협정 체결에 관한 문제를 해결"하자는 제안을 담고 있다.[9] 이는 주한미군 철수 등 요구가 실현되지 않는 상황에서 남한과의 협정 체결이 의미가 없고 평화협정을 담보할 실권을 가진 당사자로서 북·미 간 협정이 필요하다는 이유 때문이었다.[10] 북한은 1980년 10월의 고려민주연방공화국 창립방안 등에서 여러 차례 북미 평화협정 체결을 제의했고, 1984년 1월에는 남·북·미 3자회담을 제안하여 미국과 평화협정을 체결하고 남북한 간에는 불가침선언을 채택하자고 요구했다.

북한의 새로운 주장은 매년 한반도에 관한 결의안을 토의해 오던 유엔 무대에서도 전개되었다. 공산 측은 1975년 11월 유엔총회에 "유엔

---

[9] "최고인민회의 제5기 제3차 회의 채택 대미서한"(1974. 3. 25), 허문영 외, pp.252~254.
[10] 북한의 북미평화협정 체결은 베트남전쟁이 파리평화협정 체결로 종결된 뒤 미군이 철수한 점에 비추어 한반도에서도 평화협정이 체결되면 주한미군의 주둔 명분이 사라진다는 기대가 강조된 것이었다. 북한은 1973년 6월 최고인민회의에서 미국의 남한 내정간섭 중지와 주한미군 철수를 주장하는 서한을 채택하여 각국 의회 등에 보낸 데 이어 대미 서한도 채택했다. 김진환, "베트남전쟁 시기 북한의 대외정책," 『사회와역사』 통권105호, (2015), pp.62~63.

군사령부(UNC) 해체와 유엔 기치 아래 남한에 주둔하는 모든 외국군의 철수, 그리고 정전협정 당사자들에 의한 정전협정의 평화협정 대체"를 요구한 결의안을 제출했다. 이에 서방 측도 "모든 직접 관계 당사국들이 정전협정을 대체하여 한반도의 긴장을 완화하고 항구적 평화를 보장할 새로운 약정을 위한 교섭을 희망하되, 관련 협의가 완결되고 정전협정 유지를 위한 대안이 마련되면 1976년 3월에 UNC를 해체한다"는 결의안을 제출했다.[11] 당시 양 결의안이 모두 1975년 유엔 총회에서 채택되었으나, 안보리의 결정이 아니라 구속력이 없었고 평화협정 체결이나 UNC 대체조직 구성 등이 이루어지지 않아 실제 이행되지 않았다.

평화협정 체결과 관련된 한국의 입장은 상당 기간 소극적이었다가 1990년대 이후 남북한 당사자주의에 기초해 점차 적극적인 입장으로 전환되기에 이른다. 한국으로서는 6.25전쟁의 경험과 북한의 '통일전선' 전술에 대한 경계, 전후 복구 지연 등으로 자신감이 결여된 입장에서 초기에는 통일정책이나 대북정책 모두 방어적이고 수동적이었다. 이승만 정부는 정치적 구호였던 '북진통일론'에 매달려 평화통일 자체를 배격했고, 박정희 정부도 초기에는 경제건설 우선론에 기초해 적극적인 대북정책을 제시하지 않았다.

1970년대 남북대화 과정에서 통일의 원칙에 관한 합의인 7.4 공동성명이 나왔지만 안보·군사 문제는 특별히 제시되지 않았고 1974년 8월 평화협정 공세 차단 차원에서 남북 간 상호불가침협정 체결 요구가 처음 나왔고 1979년 7월 남북대화 재개와 한반도 긴장완화를 위해 남북

---

11) "제30차 유엔총회 유엔사 해체에 관한 서방측 및 공산권측 결의안"(1975. 11. 17), 허문영 외, 앞의 책, pp.76~78.

한과 미국의 3자회담 개최를 제안했다. 그 뒤에도 한국 정부는 "한반도에서의 긴장 완화와 전쟁 방지를 위하여 현존 휴전체제를 유지하면서 군비경쟁의 지양과 군사적 대치상태의 해소 조치를 협의한다"고 하는 등 평화협정에 대해서는 별다른 언급이 없었다.[12]

1980년대 말 국제사회주의체제의 와해와 유럽 군비감축 과정에서 교훈을 얻은 한국 정부는 '한민족공동체' 통일방안을 마련하고 남북 고위급회담을 통해 남북 화해와 불가침, 교류협력을 함께 추진하는 방안을 추진하게 된다. 특히 앞에서 언급한 1991년 12월의 남북기본합의서 체결과 1992년 9월의 불가침부속합의서 채택은 남북 간 긴장완화와 평화 증진을 위해 기념비적 사건이었다. 남북기본합의서는 평화체제에 관해 "남과 북은 현 정전상태를 남북 사이의 공고한 평화상태로 전환시키기 위하여 공동으로 노력하며 이러한 평화상태가 이룩될 때까지 현 군사정전협정을 준수한다"고 규정했는데, 이는 북미평화협정 체결 요구와 한국의 정전체제 유지 입장을 결합한 것으로 평가된다.[13] 당시 남북한은 남북군사공동위원회 합의 등을 통해 장차 평화체제로의 전환시 활용할 수 있는 메커니즘도 확보했으나 1992년 11월 북핵 문제의 여파로 남북대화가 중단되면서 더 진전되지 못하였다.

2. 4자회담과 6자회담, 그리고 10.4 남북정상선언 합의

북한은 1990년대에도 북미 평화협정 체결 요구를 지속적으로 전개했다. 1994년 5월 북한은 "새로운 평화보장체제"라고 하여 정전협정을

---

12) "전두환 대통령 1982년도 국정연설"(1982. 1. 22), 허문영 외, 앞의 책, pp.157~160.
13) "남북 사이의 화해와 불가침 및 교류·협력에 관한 합의서"(1991. 12. 13), 허문영 외, pp.71~73.

평화협정으로 바꾸고 현 정전기구를 대신하는 평화보장체계를 수립할 것으로 요구했다. 그런데 북한은 평화보장체계의 구체적 모습에 대해서는 언급하지 않았고 대신 1996년 2월 완전한 평화협정 체결 전까지 북미 간 잠정협정을 체결하여 정전상태를 관리하자는 제안을 내놓았다. 이는 주한미군이 당분간 잔류하면서 판문점 군사정전위를 대신하는 북미 공동군사기구를 조직하자는 것이었다.[14]

이에 대해 한·미는 1996년 4월 남북한과 미국, 중국이 참여하는 4자회담을 개최하여 한반도 평화체제 구축과 더불어 군사적 긴장완화와 신뢰구축 조치에 대한 논의를 할 것을 제안했다. 4자회담은 1975년 미국의 키신저 국무장관이 정전협정의 평화협정 대체를 위해 모든 직접 당사국으로서 남북한과 미·중이 참가하는 회의를 열자고 주장한 것이 효시로서, 당시 북한은 이를 '영구분단론'으로 규정하면서 한국의 참여를 거부했다.

그러나 1996년에 경제위기와 대규모 홍수로 극심한 식량난에 빠져 있던 북한은 이 회담에 대해 설명회 개최를 요구하면서 식량 지원을 요청했고 마침 이때 일어난 강릉잠수함 침투사건에 사과했으며, 그 뒤 1997년 3월 공동설명회가 열렸다. 북한은 설명회 이후 대규모 식량지원과 북·미평화협정 주장을 거듭해 난항을 겪었으나, 결국 예비회담을 통해 북·미평화협정 체결, 주한미군 철수 등 세부 의제를 채택하자는 북한의 주장 대신에 "한반도 평화체제 구축과 긴장완화를 위한 제반 문제"라는 포괄적 단일 의제를 채택하게 된다.

4자회담은 1997년 12월 1차 회담 개최 이후 1999년 8월까지 여섯 번

---

14) 북한이 제시한 잠정협정안에는 군사분계선과 비무장지대의 관리, 무장충돌과 돌발사건 발생시 해결방도, 군사공동기구의 구성과 임무 및 권한, 잠정협정의 수정 보충 등이 포함된다. "조선외교부 대변인 담화문"(1996. 2. 22), 허문영 외, pp.191~192.

회담을 했는데, 북한이 포괄적 의제 채택에도 불구하고 주한미군 철수와 북·미평화협정 체결이 우선 논의되어야 한다는 입장을 고수하면서 공전을 거듭했고, 결국 6차 회담 직후 북한이 앞서의 두 문제를 논의하겠다면 언제든 응하겠다면서 불참을 선언해 중단되기에 이르렀다. 당시 한국은 북·미평화협정의 대안으로 남북평화합의서와 미·중의 보장을 패키지화한 남북 주도의 평화협정 체결을 검토했으나, 북한의 반대를 우려한 미국은 남북 및 북·미 등 복수의 평화협정 체결을 패키지화하는 의견을 가졌고 결국 제안이 공식화되지 못한 것으로 알려졌다.

한반도 평화체제 문제는 2차 북핵위기 해결을 위한 국제 협의 과정에서 부각되어 2005년 9월 6자회담에서의 9.19 공동성명에 포함되면서 다시 탄력을 받게 된다. 2차 북핵위기 초기 북한은 북·미 불가침조약 체결을 요구하다 2003년 8월 6자회담이 개최되면서 대북 안전보장과 경제제재 해제, 경제지원 및 관계개선을 북핵 문제 해결의 상응조치로 요구하게 되고, 미국은 북한의 우선적 조치와 CVID(북핵의 완전하고 검증가능한 비가역적 포기)를 주장하면서 회담은 상당 기간 공전한 바 있다.

2005년 1월 부시 2기에 새로 취임한 라이스 국무장관 등은 북핵 문제 해결을 위한 포괄적 조치로서 '헬싱키 프로세스'를 검토하기 시작했고 그 과정에서 한반도 평화체제도 함께 검토되기 시작했다. 북한도 2005년 7월 외무성 성명을 통해 "정전체제를 평화체제로 전환하게 되면 핵문제의 발생 근원으로 되고 있는 미국의 대북 적대시정책과 위협이 없어지는 것으로 되며 자연히 비핵화 실현에로 이어지게 될 것"이라며 평화협정이 체결되어야 북핵 문제가 해결될 수 있다는 주장을 제시했다.15) 결국 2005년 8월초 4차 6자회담 1단계 회담에서 북핵 해결을 위한 상응조치가 포괄적으로 검토되고 그 뒤 한·미 외교당국 간에도 한반도 평화체제 구축을 위한 토의가 시작되면서 9월에 속개된 2단계 회담에서 이 문제를 포함한 공동성명 합의가 도출되었다.

9.19 공동성명 제4항은 동북아 및 한반도 안보·평화 문제를 다룬 것으로 여기에 "직접 관련 당사국들은 적절한 별도 포럼에서 한반도의 항구적 평화체제에 관한 협상을 가질 것이다"라는 문구가 포함되었다. 이는 북한의 평화협정 체결 요구와 미국의 전향적 입장, 그리고 한국의 적극적 협상 의지가 반영된 것이었다. 특히 이 문구의 논의 과정에서 북한은 한국이 한반도에서의 '군사적 실체'(a military reality)로서 평화체제 논의에 참여할 수 있다는 입장을 제시하였고, 이는 북한의 한국의 평화체제 논의 참여를 인정한 첫 사례로 평가된다.

9.19 공동성명 합의 이후 한반도 평화체제 구축을 위한 실질 토의가 진행되지 못했다. 우선 공동성명 직후 BDA(방코델타아시아은행) 문제가 불거지면서 2005년 11월 열린 5차 6자회담 1단계 회담이 결렬되고 북한이 2006년 7월 장거리로켓 발사와 10월 1차 핵실험을 강행하면서 공동성명 이행 자체가 지연됐다. 그런데 2006년 11월 하노이에서 열린 한미정상회담에서 부시 대통령은 "북핵 문제가 해결된다면 남·북·미 3자가 한국전쟁을 종결짓는 종전조약에 서명"하자는 파격적 제안을 내놓았다.[16] 당시 미국은 평화체제 문제를 북핵 문제 해결의 패키지로 이해하고 있었던 것이다.

미국의 대북정책 전환으로 2007년 2.13 합의가 도출되고 그에 따라 공동성명 이행을 위한 실무그룹 토의가 2007년 3월부터 전개됐지만 평

---

15) 허문영 외, 앞의 책, pp.183~184.
16) 당시 이 제안은 미국 백악관에 의해 "북핵 문제가 해결된다면 종전선언에 서명할 용의가 있다"로 발표되었다.

화체제 포럼은 따로 열리지 않았다.17) 그해 9월 시드니에서 열린 한미 정상회담에서 부시 대통령은 "한국전쟁을 종결시키기 위한 평화협정을 김정일 위원장 등과 함께 서명하는 것"이라고 강조하고, "이제 우리는 한국전쟁을 종결시켜야 하며 종결시킬 수 있다는 메시지를 (남북정상회담에서) 김 위원장에게 전해달라"고 노 대통령에게 요청했다.

이에 따라 그해 10월의 2차 남북정상회담에서 남북 간에 종전선언 문제가 논의됐고, 10.4 남북정상선언 제4항에 "정전체제를 종식시키고 항구적인 평화체제를 구축하고자 관련된 3자 또는 4자 정상들이 한반도 지역에서 만나 종전을 선언하는 문제를 추진"하겠다는 내용이 포함되었다. 이는 9.19 공동성명에서의 "직접 관련 당사국"에 한국이 포함되는 것을 넘어 남북한이 중심이 되어 평화체제 논의를 이어간다는 점에서 중대한 의미를 갖는 합의였다. 그런데 이 합의에서 북한의 요구에 따라 포함된 "3자 또는 4자 정상들"의 회동 부분에 대해 미국과 중국에서 각기 우려하는 입장이 표명됐고 한국의 노무현 정부도 임기가 만료됨으로써 결국 합의가 이행되지 못하고 중단되고 말았다.18)

3. 한반도 평화체제 논의의 최근 동향

정전협정의 평화보장 성격이 불완전하고 그나마 1990년대 초반 이

---

17) 이는 비핵화 초기조치를 다룬 2.13 합의의 성격상 비핵화나 적대관계 정상화, 대북경제·에너지 협력이 더 시급했기 때문일 것이나, 이때 함께 동북아 평화안보체제 실무그룹이 소집된 점에 비추어 초기부터 논란의 여지를 줄이기 위한 것으로 판단된다.

18) 당시 북한이 3자 정상 간 회동을 강조한 것은 북중관계에 대한 부담과 아울러 4자회담 당시 중국의 중간적 역할에 대한 불신에 기초한 것으로 볼 수 있으나, 9.19 공동성명 당시 이에 관한 논의가 없었음에 비추어 이례적인 것이었다. 정상회담 배석자들은 북한이 남북 정상 간 논의된 것이므로 문구를 고칠 수 없다는 입장을 고수했다고 한다.

후 사실상 무실화되고 있는 상황에서 한반도 평화체제 구축은 한반도 평화와 안정을 유지할 수 있는 현실적이고 유용한 대안으로 부상했다. 특히 1990년대 4자회담의 경험과 더불어 2000년대 남북관계 진전과 이를 반영한 9.19 공동성명, 10.4 남북정상선언에서 평화협정 체결의 당사자적 성격이 부각된 것은 의미있는 진전으로 평가된다. 10.4 남북정상선언에서는 남북이 함께 미·중을 한반도에 초청하여 종전 선언을 추진하겠다고 합의함에 따라 남북한의 당사자적 성격에 더해 '주도적 성격'까지 포함되기에 이르렀다.

2008년 이후 남북관계가 경색되고 그해 12월 6자회담 수석대표회담을 끝으로 북핵 문제 해결을 위한 6자회담도 무기한 중단된 상황에서 평화체제 논의가 더 진전되지 못하고 있으나, 향후 남북관계가 개선되고 6자회담이 재개될 경우 남북 주도의 평화체제 논의 필요성이 여전히 남아 있다. 2011~12년 한반도 평화체제 구축과 남북연합 구축을 통해 남북관계의 새로운 패러다임, 즉 '2013년 체제'를 만들자는 논의가 진행됐으나, 남북관계가 계속 경색되면서 실질적 성과는 없었다.

그런데 2015년 후반 북한이 다시 평화협정 체결을 주장하기 시작했다. 10월 1일 리수용 외무상은 유엔총회 연설에서 "정전협정을 평화협정으로 시급히 교체하는 것이 한반도에서 국제 평화와 안전을 담보하는 길"이라면서 미국의 용단을 요구했다. 또 17일 외무성 성명에서도 다시 "비핵화 논의를 먼저 해보기도 하였고 핵문제와 평화보장 문제를 동시에 논의해 보기로 하였지만 실패를 면치 못하였다"면서 "전정협정을 평화협정으로 바꾸는 것을 모든 문제에 선행시켜야 한다는 것이 결론"이라고 주장했다. 또 이 성명에서는 "(이) 문제는 무엇보다도 미국이 먼저 용단을 내려야 할 문제이며 북미 사이에 우선 원칙적 합의를 보아야 할 문제"라면서 평화협정의 체결 주체는 분명히 하지 않으면서

북미 간 협상이 우선되어야 한다는 것을 강조했다.[19]

이에 대해 한·미는 반대 입장을 유지하고 있다. 이에 대해 한국의 외교부장관은 10월 19일 "북한의 핵 포기 절차가 선행돼야 평화체제를 논의할 수 있다"고 강조하면서 "(평화체제는) 비핵화 문제가 어느 정도 진전된 후에 이어지는 하나의 과정"이고 "특히 북한이 이야기하는 북미 또는 미북 평화협정의 차원이 아니고 (9.19 공동성명에) 유관 당사국 간의 별도 포럼에서 논의한다고 되어 있다"고 말했다. 또 미국의 성 김 대북정책 특별대표도 20일 "비핵화에 맞춰지지 않는 한 북한과 평화협정 체결 관련 대화를 할 생각이 없다"는 입장을 표했다. 이에 대해 중국과 러시아는 북한의 제안이 한반도 평화에 비교적 긍정적 입장을 보여 한·미와 대비된다.[20]

Ⅳ. 평화체제 추진과 한반도 평화의 가능성

한반도 평화체제를 구축하는 것은 한반도 평화의 유지·보장을 위한 기본적 방책이며 그 자체가 당위적인 것으로 판단된다. 일부에서는 한반도 평화체제 구축이 무척 어려운 과제이고 북한 체제의 성격과 전망을 고려할 때 평화체제 대신 북한 불안정을 현실적 대안으로 고려하자는 입장이 있으나, 평화·안보에 대한 대화나 합의 없이 북한 상황이 급변하거나 정반대로 핵·미사일이 전력화되어 위협이 급증할 경우 한반도 안보불안이 가중될 것이다. 이에 대해 군사·안보적으로 확

---

[19] 『통일뉴스』, 2015년 10월 1일; 『조선중앙통신』, 2015년 10월 17일.
[20] 『통일뉴스』, 2015년 10월 21일; 『연합뉴스』, 2015년 10월 22일.

고한 대비책을 수립함과 별도로 평화체제 구축을 위한 현실적 방책을 적극적으로 모색해야 한다.

한반도 평화체제 구축은 김대중 정부 시절부터 중요한 국책 과제였으며, 노무현 정부는 출범 초부터 평화체제 구축을 12대 국정과제의 하나로 설정하고 그 실현 방법을 모색했다. 당시 대통령직인수위원회에서 마련된 한반도 평화체제 추진 전략은 "남북 간의 정치적, 군사적 신뢰구축이 심화되고 주변국의 한반도 평화에 대한 실질적 공감대가 형성되는 시점에서 구축되며, 이를 바탕으로 상당한 기간 동안 공고화가 이룩되면서 남북연합 단계로 넘어간다는 구상"이었다.

평화체제 구축은 북한의 변화와 남북관계 진전, 동북아 정세와 주변국의 이해관계를 종합 고려하면서 추진하며, 이를 위해 우선 1단계로 북핵 문제의 해결 모색과 평화체제의 토대를 마련하고 그에 기초하여 후속 2, 3단계가 추진되도록 가상적 로드맵을 설정하였다. 1단계에서는 북핵 문제의 평화적 해결을 위한 전기를 마련하고, 2단계에서 북핵 문제 해결 방안의 구체적 이행과 더불어 평화체제 구축을 위한 구체적 조치를 추진하며, 마지막 3단계에서는 평화협정 체결을 통해 평화 제도화를 완성한다는 것이었다.

이와 같은 방안의 최초 입안 시에는 한반도 평화체제 구축이 상대적으로 조기에 추진되어야 할 것으로 인식했으며, 이를 바탕으로 한 교류협력의 진전이 장차 남북연합 등 통일과정으로 이어질 것으로 판단했다.[21] 그런데 한반도 평화체제 구축의 1단계인 북핵 해결이 크게 늦

---

[21] 이와 같은 판단에는 1차 핵위기 때 북한이 NPT를 탈퇴하고 북미 고위급회담이 열려 제네바기본합의가 체결되기까지 20개월 정도 소요된 사실이 고려되었다. 적절한 상응조치가 취해질 경우 북한의 핵포기 약속과 이행이 비교적 조기에 이행될 수 있다고 본 것이나, 미국 부시 정부의 강경한 입장과 맞물리면서 예상이 빗나갔다.

〈도표 1〉 참여정부의 한반도 평화체제의 추진 전략

1단계 : 북핵 문제 해결 모색과 평화체제의 토대 마련
· 북한 핵·미사일 문제의 평화적 해결을 위한 전기 마련(선결과제) · 남북 화해협력 지속 및 초보적인 군사적 신뢰구축 추진 · 제2차 남북정상회담을 통해 한반도 평화정착의 돌파구 마련 · 외교역량 강화를 토대로 동북아 평화협력체 창설 여건 조성

⇩

2단계 : 평화체제 구축을 위한 구체적 조치 추진
· 북한 핵·미사일 문제 해결 방안의 구체적 이행 · 남북 실질협력 심화 및 군사적 신뢰구축 조치의 단계적 추진 · 동북아 평화협력체 구상 본격 추진

⇩

1단계 : 평화체제의 제도화(평화협정 체결)
· 남북 평화협정 체결 및 국제적 보장 확보 · 평화체제 전환에 따른 제반 조치사항 추진 · 남북경제공동체 실현 및 군비통제의 단계적 추지 · 동북아 평화협력체 구축 실현

어지는 가운데 남북관계 활용과 평화정착, 동북아 평화협력의 세부 방안 마련이 지연되고 결과적으로 아직까지 큰 과제로 남게 된 것은 무척 아쉬운 대목이다.

향후 일정한 외교적 노력과 국제협력으로 한반도 평화체제 구축 협상이 개시된다면 국제협상, 남북 간 협상 등 다차원적으로 진행될 것으로 예상된다. 또 협상을 통해 평화협정이 체결된 이후에도 남북 군비통제 등 후속조치를 통해 평화체제가 완전 정착하기까지에는 상당 시간이 소요될 것이다. 아마도 평화협상의 개시는 6자회담의 재개와 9.19 공동성명의 이행 재확인으로 가능할 것이며, 지난 2007년에 합의

한 2.13 조치 및 10.3 조치의 이행이 재확인되고 당시 미결 과제인 검증 문제가 확인된 뒤가 될 것이다.

향후 9.19 공동성명과 10.4 남북정상선언 합의가 이행될 경우 북핵 문제의 일정 진전을 바탕으로 6자 외무장관회담을 통해 북핵 진전 상황을 점검하고 동북아 다자안보 대화를 가속화하는 한편 4자 외무장관 간 별도 회동을 통해 한반도 평화체제 포럼 추진을 위한 사전 준비를 해 나갈 수 있을 것이다. 남북한이 공동 제안한 4자 정상 간 종전선언 추진은 평화협정 체결을 위한 최고위급의 의지 표명으로서 지속 추진하며, 이는 평화협상을 위한 '선언적 의미'일 뿐이며 최종적 협정 체결 및 발효까지 현재의 정전체제가 유지된다는 점을 명시함으로써 안보·군사적 공백 상태가 조성되지 않도록 유의해야 할 것이다.

앞으로 한반도 평화체제 구축 협상은 단일 또는 복수의 평화관련 합의서를 체결하는 협상으로 진행될 것이다. 평화협상 과정에서 4자 전체협상과 더불어 남북한 및 북·미 간 협상이 본격화할 것이며, 4자 간에는 전쟁 종결 및 전쟁 재발 방지, 항구적 평화보장에 관한 원칙적 합의가 이루어지고 남북한 간에는 정전체제를 대체하는 한반도 평화체제(평화관리기구)의 실질적 구성·운영 방안이 구체적으로 논의될 것이며, 북·미 간에는 전쟁 종식에 따른 외교관계 정상화 방안이 논의될 것으로 전망된다.[22]

평화협정의 세부 내용은 전쟁 종결 및 적대관계 종식, 전쟁 재발 방

---

[22] 한반도 평화체제에서의 관련 합의서를 무엇으로 할 것인가에 대해서는 논란의 여지가 있다. 4자회담 당시의 입장과 한국의 주도적 당사자 성격을 감안하여 남북 평화합의서와 군사관리, 군비통제 등 부속합의서를 체결하고 이를 미·중이 보장 서명한 뒤 유엔에 기탁하는 방법이 유력하나, 남북한과 미중 4자가 평화협정을 체결하고 여기에 남북한 간 부속합의서를 포함하는 방법도 가능하다. 이에 관해서는 이종석, 『한반도 평화통일론』(서울: 한울아카데미, 2012).

지 및 평화보장, 경계선, 평화관리기구 구성·운영 등이 될 것이다. 남북한 간 평화관리기구의 실질적 구성·운영 방안과 관련하여 남북기본합의서와 제2차 남북국방장관회담에서 합의된 남북군사공동위원회는 유용한 협의 창구가 될 수 있을 것이다. 또한 한반도 평화체제 수립 과정에서 유엔사 등 한·미 간 문제에 대한 후속 논의도 있을 수 있으며, 채택된 협정은 6자회담 참가국의 양해 내지 동의를 거쳐 유엔 안보리에 기탁됨으로써 국제적 보장을 명확히 하는 방안이 바람직할 것이다.

한반도 평화체제 구축은 북핵 문제 해결 과정과 서로 밀접하게 연관되어 있으며, 양자를 적절하게 병행 추진함으로써 북핵 문제 해결과 평화체제 구축의 선순환적 효과를 도모해야 할 것이다. 한반도 평화체제와 북핵 해결의 병행 추진을 위해서는 한반도 평화협상과 북핵 협상이 동시에 진행될 수 있도록 외교적 노력을 강화하고, 북핵 폐기 협상 및 한반도 평화체제 포럼의 진행 과정에서 중간 단계의 일정한 계기마다 점검을 통해 양자의 병행 해결을 모색해야 할 것이다. 또 협상의 막바지 단계에서 한반도 평화협정 체결과 북핵의 완전 폐기를 연계하여 함께 타결되도록 노력해야 할 것이다.

〈도표 2〉 한반도 평화체제 구축과 북핵 해결의 병행 추진 전략

협상여건 조성	협상 개시	본격 협상	협상 타결
6자회담 재개 핵불능화 등 초기조치 이행	4자 종전선언 6자외무장관회담	북핵폐기 협상 평화체제 구축협상 북미 수교협상	한반도 평화제도화 완성

북한은 2013년 2월의 3차 핵실험과 2012년 12월의 인공위성 발사 성공 이후 핵무기를 전력화하는 노력을 강화하고 있으며, 2013년 3월 경제건설과 핵무력 건설의 병진 노선을 채택하여 경제적 난관에도 불구하고 안보적 수단으로서의 핵무기 보유를 지속하겠다는 입장을 공식 천명했다. 북한의 핵개발은 1990년대 고립무원의 탈냉전 초기 상황에서 안보 수단 겸 협상 수단으로 추진된 것으로, 2010년대 중국이 부상하고 북한 스스로의 경제 활력도 일정하게 회복되고 있는 상황에서 병진 노선의 추구는 시대착오적이라 할 수 있다.

2008년 이후 중단되고 있는 북핵 국제협상으로서의 6자회담 재개를 둘러싸고 한·미가 요구하는 북한의 "진정성 있는 조치"와 북·중이 주장하는 무조건적인 회담 재개를 둘러싸고 2012년 이후 논란이 이어지고 있으나, 회담이 재개되지 않은 상황에서 북한이 4차 핵실험 등을 통해 상황을 악화시킬 경우 북한에게 치명적 국제압박이 있을 수 있어 일정한 상황 제어 효과가 있는 것으로 보인다. 북한이 체제 압박과 정권 위협을 느끼고 있는 상황에서 당장 핵무기를 포기할 가능성은 없어 보이나, 그렇다고 "북한이 핵을 폐기할 수밖에 없는 전략적 환경을 조성하기 위해서는 우선 북한이 절대 핵을 포기할 수 없다는 가정을 전제해서는 안 되며," 우리가 주도가 되어 미·중을 설득하고 북한이 올바른 선택을 하도록 하는 적극적 정책 노력이 중요하다고 하겠다.[23]

한반도 평화체제 구축은 불완전한 정전체제를 극복하고 장차 한반도에서의 준영구적 평화의 가능성을 제고하는 성과를 거둘 수 있을 것이다. 한반도 평화체제의 구축은 평화 제도화와 더불어 평화를 유지하

---

23) 함택영, "북핵문제 해결과 한반도 평화체제의 모색 : 미·중관계와 북한의 안보위협 인식,"『현대북한연구』제17권 제2호, (2014), p.290.

정전체제와 남북관계 ▌ 117

고 증진할 수 있는 분위기의 조성으로 완성될 수 있으며, 이를 위해서는 남북 분단 이후 지속되고 있는 기존의 적대적 안보담론과 상대방에 대한 적대감을 완화하는 노력이 적극 진행돼야 할 것이다.

V. 결론 및 정책적 시사점

한반도에서의 평화 정착은 남북관계뿐 아니라 남북한 국내 모두, 그리고 동북아 질서에도 순기능을 발휘해 나갈 것이다. 남북관계에서 평화 정착은 남북 간 교류협력의 한계를 극복하고 무한한 가능성을 여는 것으로 이해되며, 이를 통해 남북 간 동질성 회복과 민족공동체 구축은 물론 장차 남북연합부터 시작해 통일 과정에까지 이르는 거대한 변화의 서막이 될 수 있다.

또한 남북 간 평화 구축은 그동안 양측 모두에서 상대방을 악마시하고 부정적·적대적 인식과 대응을 유지하게 한 내부 체제의 극적인 변화를 유도할 것이며, 남북한 모두 보다 건전하게 체제 안전과 구성원의 삶의 질 모두를 향상할 수 있는 적합한 정치문화와 체제 구축에 기여하게 될 것이다. 1990년 독일 통일을 전후하여 동서 유럽간 화해가 강화되고 유럽연합(EU) 설립 등 통합이 촉진된 사실을 감안할 때, 한반도 평화는 그동안 동북아 다자안보 구도의 한 걸림돌이었던 북한의 변화를 수반하게 되고 이를 통해 지역 다자안보대화 및 협력의 증진에 결정적으로 기여할 가능성이 크다고 할 수 있다.

다만, 정책적으로 북핵 문제와 연결되어 이 문제가 해결되지 못하는 상황을 감안할 때보다 적극적인 대책 마련이 필요하다. 우선 한반도 평화체제 구축의 절실성을 감안할 때 본격적으로 이 문제를 다루기 위한 정부 차원의 재검토를 추진해야 할 것이다. 현재 이루어지고 있는 통일준비위원회 작업이 주로 통일 과정 및 후속 상황 관리에 주력하고 있는데, 통일 실현을 위한 필요조건이자 남북한 공동번영을 위한 충분 조건으로서 평화체제 구축은 절실한 과업이다. 즉 통일 과정 관리를 위한 주요 과제의 하나로서 평화체제 구축 문제를 다루고 이를 남북 및 국제 협의를 통해 실현하기 위해 미국과의 관련 협의도 필요한 계기에 제기해 나가야 할 것이다.

또한 북한이 핵개발을 거의 완료하고 핵미사일의 실전 배치를 목전에 두고 있다고 해서 이 문제가 한·미 간 맞춤형 억제전략이나 독자적 군사대응 수단을 통해 대처해야 하는 군사적 이슈라고만 볼 수는 없다.24) 한반도 비핵화에 관해 미국과 중국 등 주변국의 이해가 일정 부분 합치하는 상황에서 이를 통해 6자회담 또는 유용한 국제 협상의 틀을 만들어내어 핵 배치와 향후 사용 가능성 등 최악의 위험이 회피될 수 있도록 이들 유관국들과 적극 대응해 나가야 할 것이다. 이에 관해 북한의 진정성이 선결 과제라는 국가전략적 판단이 선행되어 있지만, 그럼에도 불구하고 상황 악화를 방지하고 협의 틀을 유지하기 위한 실무 차원에서의 창의적 방책이 필요하다고 하겠다. 아울러 심화되고 있는 북한의 재래식 군사위협에 대해서도 우리의 자위권 강화와 한·미 공동의 대비계획만이 능사는 아니라, 국지도발이 힘들도록 국제적 우호세력을 확보하고 전략커뮤니케이션을 통해 우리의 군사활동 목적을 정확하게 전달하는 노력을 지속해야 한다.

2011년 1월 북한이 제의한 고위급 남북군사회담이 성사되지 못하고

---

24) 서주석, "한반도 평화정착의 길 : 참여정부의 정책 경험을 중심으로," 한반도평화포럼 토론회 발표논문, (2013년 10월 3일), pp.16~17.

2013년 2월의 1차 고위당국자회담 이후 2차 고위당국자회담이 무산된 상태에서 2015년 8월 남북고위급접촉에서 당국회담 개최가 합의된 바 있다. 앞으로 군사적 신뢰구축과 군비통제를 위한 현실적 방책들을 끊임없이 모색하는 가운데 남북대화의 지속을 통해 상황을 관리하고 유사시 핫라인 기능을 유지해 나가야 할 것이다. 당장의 성과가 없더라도 남북 당국 간 대화 자체는 남북관계가 바로 최악으로 빠지지 않을 것이라는 국민적 안도감을 줄 수 있다는 점을 늘 직시해야 한다고 본다.

구갑우. "녹색·평화국가론과 한반도 평화체제,"『통일과 평화』제2권 제1호, (2010).

김진환. "베트남전쟁 시기 북한의 대외정책,"『사회와역사』통권105호, (2015)

박명규·백지운. "21세기 한반도발 평화인문학의 모색,"『동방학지』통권161호, (2013).

서주석. "한반도 평화정착의 길 : 참여정부의 정책 경험을 중심으로," 한반도평화 포럼 토론회 발표논문, (2013년 10월 3일).

_____.『북핵 해결과 한반도 평화제도화의 병행 추진 전략』(서울: 한국국방연구원, 2009).

_____. "남북한 군사대화와 협력," 흥사단민족통일운동본부 심포지엄 발표논문, (2008. 11. 17).

_____. "서해 안보와 평화정착,"『황해문화』제83호, (2008 봄).

_____. "한국전쟁과 한반도 안보구도의 변화," 한국전쟁연구회 편,『탈냉전시대 한국전쟁의 재조명』(서울: 백산서당, 2000).

이상철.『한반도 정전체제』(서울: 한국국방연구원, 2012).

이종석.『한반도 평화통일론』(서울: 한울아카데미, 2012).

임수호. "한반도 평화체제 논의의 역사적 경험과 쟁점."『한국정치연구』제18집 제2호, (2009).

장용석. "한반도 평화체제와 평화협정 : 개념, 쟁점, 추진방향."『통일문제연구』통권53호, (2010).

조성렬. "한반도 평화체제 구축에 관한 단계적 접근 : 포괄적 잠정협정을 중심으로."『통일과 평화』제4권 제1호, (2012).

함택영. "북핵문제 해결과 한반도 평화체제의 모색 : 미·중관계와 북한의 안보위협 인식."『현대북한연구』제17권 제2호, (2014).

허만호. "휴전체제의 등장과 변화 : 통일조건의 역사적 모색." 한국정치외교사학
　　　회 편, 『한국전쟁과 휴전체제』 (서울: 집문당, 1998).
허문영 외. 『한반도 평화체제 : 자료와 해제』 (서울: 통일연구원, 2007).
현인택. "한반도 평화의 군사안보." 『21세기 평화학』 (서울: 풀빛, 2002).

남북경협 27년의 역사에 대한 평가

- 남북경제공동체의 이상과 현실 -

양 문 수

북한대학원대학교 교수

남북경협 27년의 역사에 대한 평가
-남북경제공동체의 이상과 현실-

I. 머리말

지난 1988년 이른바 7.7 선언을 계기로 공식 개막된 남북 경제 교류 협력(이하 남북경협)은 어느덧 27년의 역사를 보유하게 되었다. 남북 경협은 그동안 많은 우여곡절과 함께 발전과 침체, 후퇴를 경험하며 오늘날에 이르게 되었다.

현재는 남북경협 27년의 역사에 있어서 최대의 위기적 상황에 놓여 있다. 지난 2010년 북한에 대한 경제제재조치인 5.24 조치가 취해진 이후 개성공단을 제외한 모든 남북경협 사업은 5년 넘게 중단된 상태이다. 그리고 현재 남아 있는 유일한 남북경협인 개성공단 사업조차 2013년에는 일시적으로 폐쇄되는 사태가 빚어졌고 공단이 재가동된 이후에도 불안정한 상태에서 벗어나지 못하고 있다.

이 글은 분단 70주년을 맞이하는 시점에서 남북경협 27년의 역사를 정리하고 이에 대한 평가를 통해 향후 남북 경협의 복원·발전, 나아가 남북 경제공동체 건설을 위한 과제에 대해 토론하기 위한 기초 자료를 제공하는 것이 목적이다.

II. 개념적 기초

1. 남북 경제공동체와 남북경협의 개념

경제공동체는 경제통합과 유사한 개념이지만 혹자는 경제통합보다 낮은 수준의 경제관계로 파악한다. 경제통합은 통상 2개 이상의 경제단위가 궁극적 목표인 단일경제체제를 구축해가는 과정(process)이자 상태(state)를 지칭한다. 그런데 국가 간에 이러한 경제공동체가 형성된다고 해서 이것이 반드시 단일 국민국가로의 발전을 의미하는 것은 아니다. 상이한 국민경제간의 경제공동체 형성이 반드시 정치적 통합을 전제로 하는 것은 아니다.

하지만 남북한 간에 형성되는 경제공동체는 기본적으로 통일의 한 과정으로 파악되고 있다. 통일은 정치, 경제, 사회, 문화 등 전반적인 분야에서 통합이 이루어지는 과정이고, 이들 각 분야의 통합과정은 서로 밀접하게 연관되어 있어 독립적으로 진행되기 어려운 것은 분명한 사실이다. 그렇다고 해도 경제분야의 통합이 상대적으로 빨리 이루어질 가능성이 있는 것은 부정하기 어렵다.

기존에 한국 내 논의 구조에서 남북경제공동체는 점진적·단계적 통일방안에서 핵심요소의 하나였다. 통일을 위해서는 경제공동체를 우선적으로 건설해, 그 기반 위에 정치적 공동체를 건설한다는 것이다. 예컨대 '민족경제공동체 건설방안'에서는 화해협력단계, 남북연합단계, 통일국가완성단계라는 3단계를 설정했는데 두 번째 단계인 남북연합단계에 경제공동체 건설을 상정하고 있다.

사실 남북 경제공동체 건설은 여러 단계에 걸쳐 이루어지는 장기적인 과정임에 유의할 필요가 있다. 매우 느슨한 형태의 경제공동체 건설에부터 최종 목표인 완전한 경제통합에 도달할 때까지 형태를 달리하면서 발전되어 가는 과정이다. 따라서 남북 경제공동체 건설은 서로다른 체제와 제도를 인정하면서도 통일을 지향한다는 전제하에 경제교류·협력의 폭과 심도를 확대함으로써 경제의 상호의존도 및 결합도를 제고해 나가는 일련의 과정으로 파악할 수 있다.

이러한 남북 경제공동체가 건설되는 방식과 경로는 한마디로 잘라말하기 어렵다. 남북 경제공동체 건설은 기본적으로 통일의 방식과 경로에 크게 의존하기 때문이다. 따라서 매우 다양한 방식이 상정될 수밖에 없다.

한편 남북 경제공동체와 남북경협의 관계를 보면, 무엇보다 남북 경제공동체는 남북경협보다 한 차원 높은 경제관계라 할 수 있다. 남북경협에서 남북한 당국 간에 경제통합에 대한 지향성(목표)을 공유하게되면 이는 남북 경제공동체의 초기 단계(혹은 기반 조성 단계)로 파악할 수 있다. 다만 이는 엄밀히 보았을 때의 개념적 차원이고, 통상적으로는 남북 경제공동체의 맹아 단계 혹은 초기 단계를 남북경협이라 칭하는 경우가 많다.

예컨대 '민족경제공동체 건설방안'에서는 화해협력단계, 남북연합단계, 통일국가완성단계라는 3단계를 설정했는데 주로 첫 번째 단계인화해협력 단계에서의 남북 간 경제관계를 남북경협으로 파악하는 경우도 있다. 실제로 남북경협은 남북관계 개선, 북한의 개혁개방 유도,

남한경제에 대한 기여 등 여러 가지 목표를 가지고 있는데 남북 경제 공동체 형성도 남북경협의 중요한 목표의 하나이다.

한편 경협 단계에서 경제공동체 단계로 발전하기 위해서는 여러 가지 경제적, 경제외적 조건의 성숙이 필요하다. 단순히 경협이 확대발전한다고 해서 경제공동체로 넘어가는 것은 아님에 유의할 필요가 있다.

2. 남북경협의 제 범주

남북경협은 여러 범주로 구성된다. 대상에 따라서는 경제협력과 인도적 지원으로 구분 가능하고, 주체에 따라서는 민간과 정부, 민관합동으로 구분할 수 있다. 물론 민간도 기업과 NGO, 정부도 중앙정부와 지방정부 등과 같이 보다 세분할 수 있다. 크게 보아 아래의 〈표 1〉과 같이 6개의 범주로 나누어 볼 수 있다.

〈표 1〉 남북경협의 제범주

		대상(사업)	
		경제협력	인도적 지원
주체	민간	단순교역, 위탁가공, 투자 등	NGO의 대북지원 등
	정부	철도·도로 연결 등	식량·비료 지원 등
	민관합동	개성공단, 금강산관광 등	NGO의 대북지원 (정부지원 있는 경우) 등

각각의 범주는 그 목적과 성격, 추진원칙이 상이할 수 있음에 유의해야 한다. 인도적 지원은 정치 경제적 목적과 무관하게 말 그대로 인도적 차원에서 이루어지는 것이다. 기업 차원의 경협은 기본적으로 비

즈니스로서 수익성의 원칙에 입각해 이루어져야 하고 또 실제로도 그러한 측면이 강하다. 정부 차원의 경협은 남북 간의 긴장 갈등관계를 해소함과 동시에 점진적이고 평화적인 통일의 기반을 조성하는 데 목적이 있다.

III. 남북경협의 역사적 전개과정

1. 남북경협의 태동

남북경협은 1988년 우리 정부의 '민족자존과 통일번영을 위한 특별선언'(이른바 7.7 선언)을 계기로 공식적으로 막이 올랐다. 1949년 남북한 간 경제교류협력이 공식적으로 금지된 이후 남북한 간 경제관계는 40년 가까이 단절된 상태였다. 물론 그동안 남북 양측은 종종 상대방에 대해 경제교류협력의 실시를 제안하고 대표들이 만나 관련 회담을 개최하면서 구체적인 실천방안을 논의했으나 실제로 성사되지는 못했다.

1980년대 말부터 구소련을 비롯한 사회주의권의 붕괴와 독일의 통일 등 일련의 변화들로 냉전체제가 종식되고 새로운 국제질서가 태동하게 되었다. 이러한 냉전구조의 해체는 한국으로 하여금 남북 간 갈등관계의 청산, 한반도 평화체제 구축, 나아가 평화적 통일에 대한 기대를 갖게 하는 모티브를 제공했다.

이에 한국 정부는 1988년부터 남북한 경제관계의 새로운 장을 열게 되는 일련의 조치들을 취하게 되었다. 우선 이해 7월 7일에 노태우 대통령은 '민족자존과 통일번영을 위한 특별선언'을 통해 "남과 북은 분단의 벽을 헐고 모든 부문에 걸쳐 교류를 실현할 것"을 천명했다. 이어 그해 10월에 '남북경제개방조치'를 발표, 북한과의 교역을 공식적으로 허용했다.

이에 따라 40년 만에 남북한 공식교역이 재개되기에 이르렀다. 1988년 11월 (주)대우가 처음으로 북한 물품(도자기)의 반입 승인을 획득하고 이해 12월 말까지 4건의 반입 승인이 이루어졌다. 이어 한국 정부는 남북 경제 교류·협력이 이루어질 수 있는 법적 제도적 기반 마련에 착수했다. 1989년 6월, '남북교류협력에 관한 지침'을 제정해, 부분적이지만 제3국을 통한 북한 주민접촉과 교역이 이루어질 수 있는 제도적 틀을 마련했다. 나아가 1990년 8월에는 '남북교류협력에 관한 법률'과 '남북협력기금법'을 제정했다.

1992년부터는 위탁가공교역이라는 새로운 경협 형태가 등장했다. 이해 9월 코오롱상사가 최초의 위탁가공교역 물품인 셔츠 (6,216벌, 3만 8천 달러)의 반입을 성사시켰다. 이어 1996년부터는 남한기업의 대북 투자협력이 개시되었다. 이해 (주)대우는 남포공단에 북한의 삼천리 총회사와 합영회사를 설립키로 합의했다. 아울러 1995년에 북한에 대한 최초의 인도적 지원이 시작되었다. 다만 인도적 지원은 이후 중단되었다가 2000년부터 재개, 본격화되었다. 이어 1998년에 금강산 관광 사업이 시작되었고, 2000년에는 남북이 개성공단 개발 사업에 합의했다.

2. 김대중·노무현 정부 시대의 남북경협

1988년부터 시작된 남북교역은 이명박 정부 출범 전까지 양적으로 크게 성장했다. 전체 교역액은 1989년 0.19억 달러에서 2007년 17.98억 달러로 무려 95배나 증가했다(〈그림 1〉 참조). 내용적으로 보아도 그 발전양상을 짐작할 수 있다. 1988년 남북경협이 공식 개막한 직후에는 일반 물자교역이 중심이었으나 점차 위탁가공 교역, 직접투자 등으로 발전했다.

〈그림 1〉 남북 교역액 추이

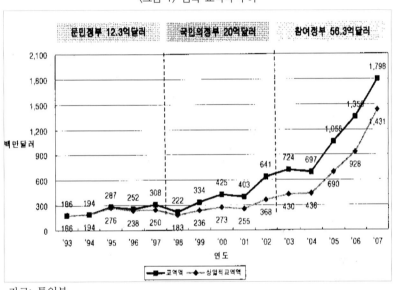

자료: 통일부

2000년 남북정상회담 이후 남북경협은 중심축이 민간의 경협에서 공적 협력(정부차원 혹은 민관합동의 경협)으로 이동했다. 개성공단, 철도도로연결, 금강산관광 등 3대 경협 사업 및 후속의 경공업지하자원협력이 대표적이다. 물론 일반 물자교역, 위탁가공 교역 등 순수 민간 차원의 경협도 지속되었다.

3. 이명박 · 박근혜 정부 시대의 남북경협

이명박 · 박근혜 정부 시대 들어 남북경협은 최대의 위기적 상황에 봉착하게 되었다. 무엇보다도 이명박 정부 시대에 남북경협은 개성공단사업을 제외하고는 중단되었다. 이는 5.24 조치의 영향이 가장 크다. 지난 2010년, 북한에 대한 경제제재 차원에서 취해졌던 이 조치로 인해 직접적으로는 일반물자교역, 위탁가공교역 등이 중단되었으며, 또 그 여파로 금강산관광 사업의 중단 상태도 지속되었다.

그러나 이명박 정부 시대의 남북경협 상황은 5.24 조치만으로는 전부 다 설명이 되지 않는다. 이명박 정부 출범 이후 남북관계가 경색되면서 이는 남북경협에 직접적인 타격을 가했다. 〈표 2〉, 〈그림 2〉에 나타나 있듯이 5.24 조치 이전에도 이명박 정부 출범 이후 남북교역 총액은 정체 및 감소 추세[1]를 나타냈다.

박근혜 정부 시대 들어서도 남북경협의 위기적 상황은 지속되었다. 한 때는 개성공단 사업도 일시 중단되는 등 상황이 오히려 더 악화된 측면도 존재한다.

---

[1] 남북교역 총액의 해석에는 주의를 요한다. 특히 남북교역 총액에서 개성공단 사업이 차지하는 비중이 높아질수록 이는 교역총액을 과대평가하는 경향이 있음에 유의해야 한다. 이는 남측기업이 개성공단에 원부자재를 반출할 때 교역통계에 포함되고, 이 원부자재를 가공한 제품이 남측에 반입될 때 다시 한번 교역통계에 포함된다는 이른바 이중 계산 문제에 따른 것으로서 불가피한 측면이 있다.

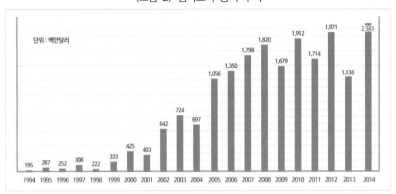

〈그림 2〉 남북교역 총액 추이

자료: 통일부

〈표 2〉 유형별 남북교역액 및 남북교역 총액 추이 (단위: 백만 달러, %)

구분	2007	2008	2009	2010	2011	2012	2013	2014	2015상
일반교역	461 (51.7)	399 (-13.4)	256 (-35.9)	118 (-54.0)	0.2 (-99.8)	0.8 (273.0)	0.6 (-30.1)	0.2 (-69.7)	0.1 (14.1)
위탁가공	330 (30.4)	408 (23.8)	410 (0.3)	318 (-22.5)	4 (-98.8)	0 (-100.0)	- (-)	- (-)	- (-)
개성공단	441 (47.5)	808 (54.5)	941 (16.3)	1,443 (53.4)	1,698 (17.7)	1,961 (15.5)	1,132 (-42.3)	2,338 (106.5)	1,303 (24/9)
기타	566 (14.6)	204 (-63.9)	73 (-64.4)	34 (-53.2)	12 (-64.0)	9 (-26.3)	3 (-66.0)	5 (50.9)	3 (-12.5)
합 계	1,798 (33.2)	1,820 (1.2)	1,679 (-7.7)	1,912 (13.9)	1,714 (-10.4)	1,976 (15.3)	1,136 (-42.4)	2,343 (106.3)	1,306 (24.7)

주 : 기타는 금강산 관광 관련 반출입, 인도적 지원 등.
   ( )는 전년동기 대비 증감율.
자료: 통일부, 한국무역협회

〈표 3〉 금강산/개성/평양 관광객 현황 (단위 : 명)

구분		98	99	00	01	02	03	04	05	06	07	08	계
금강산 관광	해로	10,554	148,074	213,009	57,879	84,727	38,306	449	-	-	-	-	552,998
	육로	-	-	-	-	-	36,028	267,971	298,247	234,446	345,006	199,966	1,381,664
	합계	10,554	148,074	213,009	57,879	84,727	74,334	268,420	298,247	234,446	345,006	199,966	1,934,662
개성 관광		-	-	-	-	-	-	-	1,484	-	7,427	103,122	112,033
평양 관광		-	-	-	-	-	1,019	-	1,280	-	-	-	2,299

※ 금강산(08.7.12) 및 개성(08.11.29) 관광 중단
자료: 통일부

〈그림 3〉 개성공단 사업 현황 (단위: 만 달러, 명)

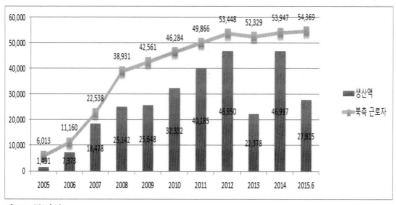

자료: 통일부

Ⅳ. 남북경협에 대한 평가 1: 한국정부 정책에 대한 평가

1. 전제적 논의

한국 정부의 남북경협 정책을 평가하기에 앞서 역사적으로 보면 남

북경협이 대북정책에서 차지하는 위상은 정권에 따라 다소 상이했음을 상기할 필요가 있다. 김대중·노무현 정부에서는 남북경협이 결정적으로 중요했다. 대북정책은 교류협력 우선 정책이었으며, 교류협력을 통한 북한의 변화가 최대 목표였다. 반면 이명박 정부 들어와서는 남북경협의 위상이 다소 하락했다. 남북관계의 교정, 북한의 정상국가화가 우선적인 목표였으며, 사실상 안보 우선 정책[2]이었다고 볼 수 있다.

이하에서는 정부의 정책목표를 기준으로 역대 정부의 남북경협정책을 평가하기로 한다. 여기서는 크게 보아 보수적 시각과 진보적 시각으로 구분해서 논의를 전개한다. 물론 보수와 진보가 모든 사안에 대해 동일한 견해를 가지고 있는 것도 아니고 또 보수와 진보 내에서도 다양한 스펙트럼이 존재하지만 이 글에서는 논의의 단순화를 위해 보수와 진보로 구분한다. 실제로 김대중·노무현 정부는 진보 정권으로, 이명박·박근혜 정부는 보수 정권으로 규정되고 있으며, 각 정부의 대북정책은 정권의 성격이 가장 큰 영향을 미쳤음은 부인하기 어렵다. 한편 대북정책에서 남북교류협력에 높은 우선순위를 두는 김대중·노무현 정부의 남북경협정책에 대한 평가는 '남북경협' 자체, 특히 남북경협의 효과에 대한 평가와 맥을 같이 한다.

2. 김대중·노무현 정부의 남북경협정책에 대한 평가

1) 남북관계 개선

진보적 시각에서는 남북경협이 남북관계를 개선시키는 효과가 있다

---

[2] 조동호 편, 『공진을 위한 남북경협전략: 보수와 진보가 함께 고민하다』 (서울: 동아시아연구원, 2012).

고 보고 있다. 즉 남북경협을 통해 북한의 경제난이 완화되고 남북경협 확대에 따라 남한에 대한 북한의 경제적 의존도가 높아지면 당연히 남북관계에도 긍정적 영향을 미친다는 것이다. 이들은 남북경협이 남북한 정치·군사적 갈등의 분출을 제어하는 안전판 역할을 했으며, 또한 남북경협은 남북 간 긴장을 완화하고 화해와 협력 분위기를 촉진해, 한반도 정세를 안정적으로 관리하고 남북관계를 개선시키는 중요한 수단으로 기능하고 있다고 평가하고 있다.

이에 반해 보수적 시각에서는 이른바 '퍼주기론', '북한불변론', '경협무익론', '경협위해론' 등의 입장을 보이고 있다. 남북경협을 통해 북한을 변화시키려 했지만 우리에게 돌아온 것은 핵과 미사일 위협뿐이며, 남북관계의 근본적인 적대적 성격은 바뀌지 않았다는 것이다. 이들은 남북경협의 남북관계 개선 효과란 존재하지 않거나 일시적, 제한적일 따름이라고 평가하고 있다.

2) 남북경제공동체 형성

진보적 시각에서는 남북경협이 남북 경제공동체의 초석을 놓았다고 보고 있다. 남북당국 간 회담, 4대 경협합의서, 금강산 및 개성공단 관련 법률 등을 통해 남북한 경제는 제도적 연계를 실현하기 시작했다는 것이다. 물론 제도적 연계는 아직 걸음마 단계에 불과하다. 이들은 아울러 남북경협을 통해 남북한 경제는 기능적 연계도 실현하기 시작했다고 보고 있다. 두 나라 간 분업구조에서 가장 표준적인 유형의 하나가 각국이 비교우위가 있는 생산요소를 결합하는 것이고 이는 남북 간에도 적용될 수 있는 바, 남한의 자본·기술과 북한의 토지·노동이라는 분업구조이다. 위탁가공 교역은 그러한 분업구조의 매우 초보적인 단계이고, 개성공단은 이보다 한 걸음 더 나아간 형태라고 이들은 평가하고 있다.

반면 보수적 시각에서는 남북경협이 아직까지 남북경제공동체 형성 효과가 없다고 보고 있다. 남북 간에 합의된 것도 극히 제한적이고, 이나마 제대로 이행되지 않고 있기 때문에 남북 경제간 제도적 연계는 없다고 해도 과언이 아니라는 것이다. 일반물자교역, 위탁가공교역, 금강산 관광 등은 남북 주민 및 기업간 교류 효과가 없었으며 단지 북한당국이 외화수입을 얻는 통로로만 기능했다고 이들은 보고 있다. 남북 경제간 기능적 연계라는 측면에서 볼 때 가장 앞서 있는 것은 개성공단이지만, 이것 역시 북측 내부 경제와의 연계가 없다는 한계가 있다고 이들은 평가하고 있다.

3) 북한의 개혁 · 개방

진보적 시각에서는 남북경협이 비록 제한적이지만 북한의 경제개혁을 촉진하는 효과가 존재한다고 보고 있다. 남한에서 제공한 각종 자원의 북한 시장 내 유입을 매개로 남북경협은 북한 내에서 시장 확대의 물적 토대를 제공한다는 것이다. 또한 남북경협 가운데 북한주민과의 접촉면적이 비교적 넓고 접촉기간도 긴 사업, 예컨대 개성공단사업 등은 직간접적으로 북한 주민들의 시장경제 학습에 기여한다고 이들은 보고 있다. 또한 북한 입장에서 보면 남한과의 경협은 다른 나라와의 경협보다 더 강력하고 더 두려운 대외개방이기 때문에 남한의 입장에서는 북한과의 경제교류협력을 확대하는 것 자체만으로도 북한의 대외개방을 확대하는 효과가 분명히 존재한다는 것이다. 특히 금강산 육로관광, 개성공단 사업은 북한 대외개방 확대의 대표적인 사례로 평가되어야 한다고 이들은 보고 있다.

이에 반해 보수적 시각에서는 남북경협이 북한정부로 하여금 시장을 억제하는 방향으로, 즉 반(反)개혁적인 방향으로 정책을 취하도록 여건을 조성했다고 보고 있다. 특히 남한의 대북 쌀·비료 지원은 북한정부가 배급제를 부활시키고 시장을 억제할 수 있게 만들었다는 것이다. 아울러 남북경협을 통해 북한으로 이전된 자원이 북한정부에 유입됨으로써 북한정부가 계획경제를 정상화하고 시장을 억제할 수 있는 물적 토대를 제공했다고 이들은 보고 있다. 개성공단도 북한의 내부경제체제에는 별 영향을 미치지 못하는 폐쇄적 특구에 불과하다고 이들은 평가하고 있다.

4) 남한경제에 대한 기여

진보적 시각에서는 남북경협이 남한경제에 직접적으로 기여한다고 보고 있다. 기업들에게 신규사업 기회를 제공하고, 경쟁력을 제고하는 효과가 존재한다는 것이다. 또한 간접적 기여도 무시하지 못하는 바, 한반도 긴장 완화, 남북관계 개선을 통해 남한경제 및 기업에 대한 대외적 신인도를 제고하는 효과가 있다고 이들은 평가하고 있다.

반면 보수적 시각은, 현재의 여건하에서는 기업의 입장에서 볼 때 남북경협은 잠재력보다는 리스크가 훨씬 크다고 평가하고 있다. 경제협력에 대한 북한당국의 몰이해, 북한의 취약한 인프라, 국제사회의 대북 경제 제재, 남북관계의 불안정성 등이 주된 원인이라는 것이다. 또한 남북경협이 남북관계를 개선하는 효과가 일시적, 제한적이기 때문에 남북경협이 남한경제 및 기업에 대한 대외적 신인도를 제고하는 효과도 거의 없었다고 이들은 보고 있다.

이처럼 김대중·노무현 정부의 남북경협정책에 대한 진보적 시각과 보수적 시각의 평가는 매우 대조적이다. 이를 〈표 4〉에 간단히 정리했다.

〈표 4〉 김대중·노무현 정부의 남북경협정책에 대한 평가

평가기준 / 구분	진보적 시각	보수적 시각
남북관계 개선	○	X
남북경제공동체 형성	○	X
북한의 개혁개방	○	X
남한경제에 대한 기여	○	X

3. 이명박 정부의 남북경협정책에 대한 평가

1) 보수적 시각

보수적 시각에서는 이명박 정부의 남북경협정책의 경우, 제대로 된 남북관계를 정립하고자 "원칙 있는 대북정책을 일관성 있게 추진"했다는 점을 가장 큰 성과로 꼽고 있다. 북한이 대남 강경정책을 폈지만 이에 흔들리지 않고 의연하게 대처했으며, 특히 상생과 공영의 남북관계 발전을 위해 일관된 대북원칙을 견지했다는 점을 높이 평가해야 한다는 것이다.

우선 북한의 비핵화를 유도 촉진하기 위해 '비핵·개방·3000'을 제시했고, 이를 바탕으로 '한반도 신평화구상', 'Grand Bargain' 등을 제안했다. 개성공단사업의 경우, 북측이 임금, 토지임대료 등에 대해 기존 합의를 파기하며 무리한 요구를 할 때 우리 정부는 국제규범 확립, 경제원리 추구, 미래지향적 발전 등 '개성공단 발전 3원칙'에 따라 북측의 요구를 수용할 수 없다는 입장을 견지했다. 금강산관광사업도 관광 재개에 대한 안팎의 압력에도 불구하고, 관광객 피격사건에 대한 진상 규명, 재발방지, 신변안전보장 등 3대 선결요건이 충족되지 않으면 관

광사업을 재개할 수 없다는 원칙을 견지했다는 점을 높이 평가했다.

이들은 과거 10년간의 정책적 오류로 인해 남북관계가 잘못되어 있던 것을 이제야 바로잡게 되었으며, 이에 따라 남북관계도 정상화되는 과정에 들어서게 되었다고 보고 있다. 이에 따라 남한은 북한에 더 이상 끌려다니지 않게 되었으며, 북한에 대해 할 말은 다 하는 당당함을 보여주고 있으며, 북한이 남한에 대해 협박을 하고 생떼를 쓰는 종전의 방식은 더 이상 통하지 않는다는 인식을 심어주게 되었다는 것이다. 결국 '제대로 된' 남북경협을 추진할 수 있는 여건이 마련되었다고 이들은 평가하고 있다.

2) 진보적 시각

반면 진보적 시각에서는 이명박 정부의 남북경협정책이 '과정'으로서는 높이 평가할 수 있을지 모르지만 '결과'로서는 낙제점이라는 평가를 내리고 있다. 특히 정부정책이라는 것은 결과, 즉 성과로 평가받을 수밖에 없다는 현실을 고려해야 한다고 강조하고 있다. 보수적 시각의 주장처럼 이명박 정부의 대북경협정책이 북한의 인식 변화를 이끌어 냈는지, 나아가 남한의 차기 정부 들어 북한의 행동에 변화가 나타날 것인지에 대해서는 논란의 여지가 많다. 나아가 이명박 정부가 김대중·노무현 정부의 대북경협정책이 북한의 '변화'를 이끌어내지 못했다고 비판했지만, 이명박 정부 또한 북한의 '변화'를 이끌어내지 못했다는 비판에 노출되어 있다고 이들은 보고 있다.

아울러 김대중·노무현 정부의 남북경협정책 평가시 기준으로 설정했던 정책의 목표를 이명박 정부에 동일하게 적용하면, 남북관계 개선, 남북경제공동체 형성, 북한의 개혁개방, 남한경제에 대한 기여 등 모든 면에서 초라한 성적표가 될 수밖에 없다. 물론 남한 정부는 북한에게 모든 책임을 돌리려 하겠지만 과연 남한 정부도 책임에서 자유로울 수 있는지 미지수라고 이들은 보고 있다.

한편 이명박 정부의 남북경협정책이 가져온 가장 큰 문제점은 남북관계의 후퇴, 남북경협의 위기라고 이들은 보고 있다. 과거 10년간 대화와 화해협력정책을 통해 남과 북이 힘들게 신뢰를 쌓아놓았지만 이명박 정부 출범 이후 남북 간의 대치, 대립으로 공든 탑이 와르르 무너졌고, 남북관계는 냉전 시대로 회귀했다는 것이다.

아울러 남북경협기업들은 갑작스런 5.24 조치로 큰 피해를 보고 있다는 점을 결코 간과할 수 없다고 이들은 주장한다. 도산한 기업도 있는가 하면 매출 격감, 적자 누적으로 신음하게 된 기업도 부지기수이며, 5.24 조치로 인한 장기간의 경영난으로 인해 대북사업을 재개할 '여력'이 있을지도 의문시되고 있다.

게다가 이명박 정부 들어 남북관계가 얼어붙으면서 남북경협이 침체의 늪에 빠진 반면 북한과 중국은 더욱 밀착, 북중경협은 확대일로였다. 특히 남한의 5.24 조치로 남북경협은 거의 중단된 반면 북중경협은 폭발적으로 늘어나면서 북한에서는 중국 일변도의 기형적 교역구조가 고착화되는 경향을 나타내고 있다는 점을 이들은 강조하고 있다.

4. 박근혜 정부의 남북경협정책에 대한 평가

구상 차원에서의 박근혜 정부 남북경협정책은, 이명박 정부의 남북경협정책보다는 전향적인 정책 구상으로 평가하는 것이 일반적이다. 강경과 유화, 어느 한쪽으로의 편향을 극복하고 과거 대북정책의 장점만을 두루 수용해 통합적 접근을 모색하는 새로운 접근법으로 평가받고 있다.

특히 대북정책에서 신뢰, 균형에 대한 강조는 높이 평가할 수 있는 부분이다. 대북정책을 오랫동안 고민해 온 흔적도 감지할 수 있으며, 종전보다 상당히 진전했다는 평가도 가능하다. 비핵화 문제와 관련, 이명박 정부의 비핵화 우선론과는 상당한 차별성이 엿보이며 굳이 따지자면 (핵과 경협의)연계론과 병행론의 중간 정도에 있는 것으로 보인다. 정부는 비핵화의 진전 없이 남북관계의 발전만을 추진하는 것도 바람직하지 않지만 동시에 남북관계의 모든 사안들을 핵문제와 연계시켜 접근하는 것도 바람직하지 않다는 입장이다. 따라서 정부는 비핵화 이전이라도 낮은 수준에서의 교류·협력은 추진하겠다는 의지를 피력하고 있다.

다만 아직까지 추상성의 수준이 높은 구상으로서 일종의 양면성도 존재하고 모호성도 상당하다는 지적도 존재한다. 이에 따라 우리 국민 및 국제사회로부터 오해를 받을 수도 있다. 특히 박근혜 정부 출범 이후 6개월 만에 나온 대북정책의 요약본[3]은 지나치게 피상적이라는 점도 많이 지적받는 부분이다. 특히 '한반도 신뢰 프로세스'의 3단계 추진(대북 인도적 지원 → 낮은 수준의 경제협력 → 대규모 인프라 투자를 통한 비전 코리아 프로젝트)에 대한 액션 플랜 또는 로드맵은 아직까지 제시하지 않았다. 이에 대해 당시의 류길재 통일부 장관은 "한반도 신뢰 프로세스는 그 자체가 개념, 원칙, 방향성을 체계화한 것이지, 로드맵을 제시하는 정책은 아니다"고 밝혀 눈길을 끌었다.

또한 안보와 교류협력의 균형을 보면 지나치지 않은 것, 합리적인 것에 대한 구체적인 판단기준이 무엇인지 모호하다. 또한 지나친 것인

---

3) 통일부, "한반도 신뢰 프로세스," (2013. 8. 21).

지 아닌지는 사후에 판단하는 측면, 즉 결과론적 측면도 존재한다. 그렇게 되면 대북정책이 지그재그로 갈 수 있으며, 또한 정책이 실기(失機)를 할 우려도 존재한다. 지난 2013년 여름 북한의 태도가 유화적으로 변화했기 때문에 한반도 신뢰 프로세스가 작동할 수 있는 여건이 갖추어졌지만 2013년 봄과 같이 북한이 강경하고 경직적인 태도를 취한다면 '한반도 신뢰 프로세스'는 다시 커다란 도전에 직면할 가능성이 높다. 신중하고 실제적인 정책이지만 수동적인 접근이기 때문에 남북간에 신뢰가 낮은 상태에서는 추진 동력을 확보하기가 어려운 구상이라는 평가⁴⁾도 나오고 있다. 결국 신뢰가 전제조건화될 수 있다는 우려도 커지고 있다.

한편 박근혜 정부 출범 후 2년여가 경과한 시점에서 현실 차원에서의 박근혜 정부의 대북정책에 대한 평가는 다소 엇갈리고 있다. 보수적 시각에서는 박근혜 정부의 대북정책이 국민들로부터 상대적으로 높은 평가를 받고 있다는 점을 강조하고 있다. 2013년 봄 개성공단 잠정폐쇄, 2015년 여름 DMZ 목함지뢰 사건 등을 통해 북한이 위기조성 전략을 구사할 때 우리 정부가 단호하게 원칙을 고수함으로써 위기를 관리하는데 성공했다는 것이다.⁵⁾

반면 진보적 시각에서는 박근혜 정부의 대북정책이 이명박 정부의 대북정책과 과연 다른 것인지 의문을 제기하며, 우리 정부는 여전히 안보 위주의 정책을 펴면서, 남북경협의 최대 현안인 5.24 조치 문제도

---

4) 박명규, "한반도 신뢰 프로세스와 남북관계 전망," 국회입법조사처 · 서울대학교 통일평화연구원 · 경남대학교 극동문제연구소 공동 주최 세미나, 『지속 가능한 대북정책의 모색』(2013. 5. 2), pp.41-42.

5) 박인휘, "한반도 신뢰프로세스와 대북정책: 성과와 과제," 『KDI 북한경제리뷰』 2013년 12월호; 조한범, "8 · 25 남북합의 평가와 향후 전망," 통일연구원 Online Series, (2015. 8. 28).

풀지 못하고 있으며, 남북관계를 계속 악화시키고 있다고 비판하고 있다.[6]

V. 남북경협에 대한 평가 2: 경협사업에 대한 평가

1. 양적 발전과 질적 정체

지난 27년 동안 남북경협사업은 사업대상, 참여주체, 사업의 규모 등 양적으로 크게 발전한 것은 분명한 사실이다. 단순교역에서 출발해 위탁가공교역, 투자 등으로 발전했으며, 민간 위주 사업에서 정부, 민간 합동 사업으로 발전했으며, 남북교역액은 어느덧 20억 달러에 육박했다.

그럼에도 불구하고 25년의 역사에 걸맞지 않는, 경협의 질적 정체는 부정하기 어렵다. 예컨대 노무현 정부의 남북경협도, 김대중 정부로부터 물려받은 개성공단, 금강산관광, 철도도로연결 등 이른바 3대 경협사업의 수준 이상으로 발전하지 못했던 것은 부인하기 어렵다. 또한 남북경협 4대 합의서가 발효되었으나 후속조치 미비 등으로 실질적으로 작동하지 않는 등 남북경협의 제도화 수준은 다소 미흡한 상태였다.

또한 일반물자교역, 위탁가공교역, 내륙지역 투자사업(경협사업) 등 순수 민간 차원 경협 사업의 불안정성 및 수익성 미확보의 문제도 지

---

6) 경실련 통일협회, "박근혜 정부 2년, 대북정책 평가와 제언," 경실련 통일협회 28차 열린 좌담회, (2015. 2. 25).

적되어야 한다. 남북경협이 공식적으로 시작된 지 27년이 되었지만 장기간 지속적으로 경협에 참여하고 있는 민간 기업은 그리 많지 않다. ─그리고 5.24 조치 직전까지 남북경협에 참여하고 있던 업체 중 상당수가 수익성 확보에 어려움을 겪고 있었다. 하지만 관광 중단 전 금강산관광 사업과 개성공단 사업은 안정성과 수익성의 측면에서 상대적으로 양호한 편이었음은 분명히 지적될 필요가 있다.

1995년부터 시작된 대북 인도적 지원도 몇 가지 난제를 내포하고 있다. 그동안 공과에 대한 논란 끊이지 않았으며, 동시에 대북 지원 피로 현상도 나타나고 있음에 주목해야 한다.

2. 최근의 남북경협 위기의 원인

최근 남북경협의 개별 사업들이 순차적으로 중단되는 과정을 되돌아보면 몇 가지 공통점을 발견할 수 있다(〈표 4〉 참조). 즉 우발적 사고이든 의도적 행동이든 북측에 의해 돌출적 상황이 발생하고, 이에 대해 남측이 남북경협 사업 중단으로 응수한 것이다. 특히 북측에 의해 야기된 상황이 일반의 예상 범위를 벗어나고 남측의 대응 또한 예상 범위를 벗어난 것이 눈에 띈다. 달리 보면 최근의 남북관계의 게임 구조, 특히 일방이 강(强)으로 나오면 타방도 강(强)으로 대응하는 구조가 남북경협사업에까지 침투한 것이다. 또한 민간이 운영하는 남북경협 사업에 대해 정부가 직접적으로, 더욱이 사업중단이라는 극단적 형태로 개입한 것이다.

물론 사업이 중단된 이후 남북한 당국 간 대화 등을 통해 사업을 재개하기 위한 노력이 전개되었지만 개성공단을 제외하고는 사실상 실패했다. 일반물자교역 및 위탁가공교역(5.24 조치)이든, 금강산관광사

<표 5> 남북경협 사업 중단의 직접적 계기

	중단시점	북측 조치 및 사건	남측 조치
일반물자교역, 위탁가공교역	2010.5	천안함 사건	5.24 조치 (남북교역 중단)
금강산관광사업	2008.7	남측 관광객 피격 사건	금강산 관광 중단
개성공단사업	2013.4	사업의 잠정 중단 선언 및 북측 근로자 철수	남측 주재원 철수

업이든, 개성공단 사업이든 공통점은 사업 정상화를 위해 남측은 북측에 대해 전제조건을 내세우고 있고, 북측은 이를 수용하지 않고 있는 측면이 있다. 아울러 북측이 남측에 대해 기대하는 바를 남측이 사실상 무시하는 측면도 존재한다. 그리고 이는 크게 보아 경제의 영역이라기보다는 정치의 영역이다. 또한 사업의 주체인 민간은 뒤로 빠져 있고 당국이 전면에 나서 있는 상황이다.

한편 금강산관광사업, 일반물자교역 및 위탁가공교역(5.24 조치), 개성공단 사업이 순차적으로 중단되었다는 것은 남북 간 게임구조에 편입되는 남북경협사업의 범위가 점차 확대되었다는 의미도 존재한다. 즉 남북경협에서 정경분리 원칙이 단계적으로 허물어졌다는 의미이기도하다. 이는 남북관계 자체가 더욱 악화되는 과정과 병행적으로 진행되고 있다.

물론 이는 남북한 당국 공히 국내의 정치적 요인과 결코 무관하지 않다. 남한 내에서는 그동안 남북경협정책, 나아가 전반적인 대북정책을 둘러싼 이른바 진보 보수간 견해차, 사업의 성과 및 한계성에 대한 양측의 시각차 등이 복합적으로 작용해 남북경협을 놓고 적지 않은 사회적 갈등이 누적되어 있었던 상황에서 정권 교체가 이루어지고, 이에 따라 남북경협 정책은 롤러코스터를 탔다. 또한 북한 내에서는 원래 남북경협에 대한 근원적 딜레마가 있었던 상황에서 김정은 체제의 출범 이후 대남 정책의 예측 불가능성이 확대되었다.

VI. 맺음말에 대신하여: 종합평가 및 향후 과제

현재는 남북경협 27년의 역사에 있어서 최대의 위기적 상황이다. 분단 70주년을 맞이하는 현 시점의 남북경협, 남북관계는 한탄스럽고 처참하다.

분단을 극복하고 남북 경제공동체를 이루어 내어야 하는 역사적 과제는 아직도 허공에 뜬 이상으로만 존재하고 있다. 지난 20여 년간 남북 경제공동체를 향해 몇 걸음 나아갔나 싶었건만 언제부터인가 뒷걸음질치고 있다. 이제는 남북 경제공동체는커녕 남북경협의 싹마저 사라질 위기에 처했다.

최근 통일 논의가 다시 한번 활기를 띠고 있지만 우리가 딛고 서 있는 현실로 눈을 돌리면 그 논의는 공허하기 짝이 없음을 발견하게 된다. 통일, 통일을 외치는 사람은 많아졌지만 '어떻게 통일을 할 것인가'라는 물음 앞에는 한없이 작아진다. 현재의 남북관계를 짓누르고 있는 최대 장애물인 5.24 조치 하나 제대로 해결하지 못하면서 통일을 노래하는 한국을 국제사회는 어떤 눈으로 바라볼 것인가.

남북 경제공동체로 나아가기 위해서는 남북경협부터 다시 시작해야 한다. 향후 남북경협의 재개, 나아가 활성화를 위해서는 남북경협 전반에 대한 재검토가 불가피하다. 무엇보다도 남북경협의 필요성, 의미, 추진방식 등 광범위한 영역에 걸친 재검토가 필요하다. 사실 남북경협이 기존의 틀로는 어렵다는 데는 상당한 공감대가 형성되어 있는 상태이다. 그리고 이러한 재검토 과정은 단순히 정책당국, 전문가그룹의 범위를 넘어서서 우리 사회 전반의 차원에서 이루어져야 할 것으로 보인다.

과거의 경험이 시사하는 바는 앞으로는 보수정권이든 진보정권이든 정책적 운신의 폭이 다소 좁아질 것이라는 점이다. 보수정권이든 진보정권이든 상대방 진영의 주장을 부분적이나마 수용하면서 적절한 타협점을 모색하는 것이 매우 중요하다. 그렇게 하지 않으면 정책의 추진동력은 크게 약화될 것으로 보인다. 물론 완전한 중도 혹은 중간은 불가능하지만 정책에 있어서 부분적 수렴 현상이 나타날 가능성도 있다.

이와 관련, 남북경협에 대한 성찰 및 토론 과정을 통해 국민적 합의 수준을 제고하려는 노력이 긴요하다. 여러 가지 이슈가 있지만 우선적으로 논의해야 할 것이 이른바 정경분리 문제이다. 최근에는 정경분리와 함께 민관분리의 이슈도 제기되고 있다.

앞으로의 남북경협에 있어서 정부와 민간의 적절한 역할 재분담은 매우 중요한 이슈이다. 그런데 정부와 민간의 적절한 역할 분담, 특히 남북경협에 있어서 정부가 어디까지 역할을 해야 하는지에 대해서는 우리 사회에 다양한 견해가 존재한다. 우리 사회 내 최소한의 합의 도출을 위해 민간차원의 경협과 정부차원의 경협을 분리하고, 이에 따라 민간과 정부의 역할을 재분담하는 방안을 고민해야 한다.

우선 남북경협에 참여하는 민간기업은 자율적으로 사업을 추진하고 그 결과에 대해서도 스스로 책임을 져야 한다. 특히 5.24 조치, 개성공단 사태의 경험이 시사하듯이 남북경협에 있어서 민간기업은 '정치적 희생양'이 될 수도 있음을 사전에 충분히 인지하는 것이 매우 중요하다. 앞으로는 비즈니스 목적, 상업적 베이스로 추진되는 민간 기업의 남북경협은 '자기 책임성' 원칙이 강조될 수밖에 없다.

물론 이러한 민간 차원의 경협에도 정부의 역할은 존재한다. 이른바 게임의 규칙을 만들고 집행하는 심판의 역할이다. 또한 남북경협의 속성상 시장경제원리가 완전하게 작동하는 것이 아니기 때문에 제도적 환경의 구축 등을 통해 민간 차원 경협을 지원하는 역할도 중요하다.

다만 민간 차원의 경협에 대해 정부재정을 투입하는 문제는 여전히 논란의 대상이다. 다만 남북경협의 공공재적 성격을 인정한다면 정부가 남북경협에서 보다 적극적으로 역할을 수행해야 하고, 민간이 나서기 어려운 분야 및 단계에 정부재정을 투입해야 한다. 또한 일정 정도는 대북정책뿐 아니라 중소기업 정책 차원에서도 민간기업을 지원해야 한다. 물론 남북경협이 공공재적 성격이 있는지 여부, 나아가 긍정적 외부성이 있는지 여부에 대해서는 우리 사회 내에 다양한 의견이 존재하기 때문에 이 문제에 대해서는 향후 심도 있는 토론이 필요하다.

또한 향후 남북경협에서 정치적·군사안보적 여건과의 관계 재정립도 중요한 이슈이다. 남북한 경제협력이 북핵문제, 남북관계 등 정치적·군사안보적 여건의 영향을 받게 할 것인가 아닌가, 영향을 받아야 한다면 어느 정도가 적절할 것인가 하는 문제이다. 남북경협이 정치적·군사안보적 여건으로부터 완전히 자유로운 것도, 정치적·군사안보적 여건에 완전히 종속되는 것도 바람직하지도 않고, 가능하지도 않다.

북핵문제, 남북관계와 남북경협의 연계 여부 및 그 수준에 대해서는 아직도 우리 사회에 다양한 견해가 존재한다. 여기서도 우리 사회에서 최소한의 합의 도출을 위해 민간차원의 경협과 정부차원의 경협을 분리해 접근할 필요가 있다.

우선 향후 민간차원의 경협에 대해서는 정치적·군사안보적 여건의 영향을 최소화하는 것이 바람직하다. 특히 정부가 정치적·군사안보적 여건을 이유로 민간차원의 경협에 제약을 가하는 것은 피해야 한다. 향후 민간 기업에 대해 남북경협에 있어서 철저한 자기책임 원칙을 요구하고 이를 관철시키기 위해서는 정부 스스로가 민간 기업의 활동에 '개입'하지 말아야 한다. 정부차원 경협의 경우 정치적·군사안보적 여건으로부터의 영향은 불가피하다. 다만 정치적·군사안보적 여건에 완전히 종속되는 것은 바람직하지 않다. 그 범위와 수준에 대해서는 향후 지속적인 토론이 필요하다.

개성공단기업협회. 『개성공단에서 통일경제의 희망을 본다』(서울: 웃고문화사, 2012).

박명규. "한반도 신뢰 프로세스와 남북관계 전망." 국회입법조사처, 서울대학교 통일평화연구원, 경남대학교 극동문제연구소 공동 주최 세미나, 『지속 가능한 대북정책의 모색』(2013. 5. 2).

박인휘. "한반도 신뢰프로세스와 대북정책: 성과와 과제." 『KDI 북한경제리뷰』 (2013. 12).

배종렬. "신정부의 바람직한 대북 경제협력 추진방향." 『수은북한경제』 겨울호, (2012).

양문수. "새정부의 대북정책, 어떻게 할 것인가: 경제협력분야를 중심으로." 『동 향과 전망』 제87호, (2013).

이 석. "한국의 대북정책과 남북경협: 회고와 전망." 『KDI 북한경제리뷰』 4월호, (2013).

조동호 편. 『공진을 위한 남북경협전략: 보수와 진보가 함께 고민하다』(서울: 동아시아연구원, 2012).

조한범. "8·25 남북합의 평가와 향후 전망." 통일연구원 Online Series, (2015).

통일부. "한반도 신뢰 프로세스." (통일부, 2013).

실패한 통일, 실패한 분단

-남북한의 담론·정책·합의로 본 남북관계 70년-

박 순 성

동국대학교 북한학과 교수

실패한 통일, 실패한 분단

― 남북한의 담론·정책·합의로 본 남북관계 70년 ―

Ⅰ. 남북관계를 바라보는 두 관점: 현실주의와 비판이론

한민족은 1945년 8월 제국주의 일본의 식민지 지배로부터 벗어났지만, 독립국가 수립으로 바로 나아가지 못하였다. 한반도는 소련과 미국의 분할 점령하에 들어갔다. 소련과 미국의 군사적 통치에 의해 한반도가 양분된 상태에서, 대다수 한민족 구성원들의 바람인 통일된 민족국가의 수립은 두 강대국의 대립과 한민족 내 정치세력들 사이의 분열로 실현되지 못하였다. 1948년 8월과 9월, 대한민국과 조선민주주의인민공화국이 한반도의 남쪽과 북쪽에 들어섰다.

한반도에서 두 개의 국가가 수립되는 것을 막기 위해 1948년 4월 말 남북조선정당사회단체 대표자 연석회의와 남북조선정당사회단체 지도자 협의회가 개최되었다. 협의회에서 채택된 공동성명서(1948.4.30)는 '조선 인민의 자력으로 조선문제 해결', '내전과 무질서 발생 거부',

'통일적 민주정부 수립' 등을 당시 한민족이 해결해야 할 과제로서 분명하게 제시하고 있다.[1] 불행하게도 민족의 힘은 결집되지 못했으며, 혼란 속에서 두 개의 국가가 세워졌다. 그리고 한반도에서는, 당시 한반도 남쪽의 단독 정부 수립에 반대하면서 남북협상을 지지하였던 문화인들이 경고했던 대로, '내전 같은 국제전'이 일어나고 말았다.[2]

분단이라는 해방정국에서의 좌절과 전쟁이라는 민족상잔의 비극은 한반도가 분단된 지 70여 년이 지난 시점에서도 여전히 극복되지도 치유되지도 못하였다. 2016년 봄 한민족이 직면한 위기는 발생과 전개의 과정에서뿐만 아니라 원인과 해결 방안에서도 지난 시기 반복되었던 위기들과 큰 차이를 보이지 않고 있다. 해방정국에서뿐만 아니라 1970년대 후반에도 한국 사회의 비판적 지식인들은 한반도 분단을 위기의 상존으로 이해하였다. 1970년대에 공유되었던 비판적 인식에 따르면, 전쟁의 위험을 내세우는 '정치적 현실주의'는 분단 현실을 망각한 상태에서 관념적으로 통일을 말할 뿐이었고, 통일을 지향하는 구체적이고 실질적인 노력을 통해 상존하는 전쟁의 위험을 극복하려고 하지 않았다.[3]

---

[1] "남북요인회담 공동성명서 발표(1948. 4. 30)," 국사편찬위원회 홈페이지 ⇒ 한국사데이터베이스 중 『자료대한민국사 6권』 (1973) (http://db.history.go.kr/item/level.do?itemId=dh&levelId=dh_006_1948_04_30_0040, 검색일: 2016. 3. 1); 심지연, 『남북한 통일방안의 전개와 수렴: 1948~2001 — 자주화·국제화의 관점에서 본 통일방안 연구와 자료』 (서울: 돌베개, 2001), pp.109~110 참조.

[2] 1948년 4월 14일 서울에서 발표된 "문화인 108인 남북협상 지지 성명"은 '한반도 남방의 단정'이 '국토양단의 법리화, 민족분열의 구체화'라고 지적하면서, "그리하여 그 후로 오는 사태는 저절로 민족상호의 혈투가 있을 뿐이니, 내쟁(內爭) 같은 국제전쟁이요, 외전(外戰) 같은 동족전쟁이다"라고 경고하였다. 백범김구선생기념사업협회, 『백범회보』 제26호, (2010년 봄), p.35에서 재인용. 1948년 3월 12일 발표된 김구, 김규식, 김창숙, 조소앙, 조성환, 조완구, 홍명희 등 7인의 공동성명서도 단정 수립이 "동족상잔의 참화"를 불러올 것이라고 이미 경고하고 있다. 국사편찬위원회 한국사데이터베이스 홈페이지 중 『자유신문』, 1948. 3. 13 (http://db.history.go.kr/item/level.do?itemId=npfp, 검색일: 2016. 3. 15).

정치적 현실주의, 또는 정치권력의 현실주의에 대한 비판은 역사적·정치적 현실 속에서 분단이 실질적으로 작동하는 방식에 대한 비판적 이해에 기초하고 있다. 현실에서 분단은 이해관계의 질서이다. "통일이란 문제를 놓고 자기들은 현실주의적이다, 리얼리스틱하다는 입장에서 분단이나 화해의 거부를 합리화하려는 사람들의 이해관계는, 분단된 상태로써 자기들의 이익이 보장된다는 사실에 뿌리박고 있"다.[4] 그런데 실제로는 분단 현실로부터 끊임없이 야기되는 전쟁의 위험이 정치권력을 잡고 있는 현실주의자들의 이익조차도 위협한다. 비판적 지식인들에 따르면, "소위 현실주의자라는 사람들이 전쟁의 위험이 완전히 없어져야지 우리는 통일을 얘기할 수 있겠다고 그러는데 사실은 오히려 통일을 추진함으로써만 전쟁을 회피할 수 있다."[5] 나아

---

[3] 강만길·김윤수·이영희·임영택·백낙청, "좌담회: 분단시대의 민족문화,"『창작과 비평』제12권 제3호, (1977년 9월). 김윤수: "남과 북은 서로가 서로를 용납할 수 없다는 식의 정치적 양극화가 진행되는 사이 은연중에 (사실은 은연중이 아니지만), 우리는 북은 같은 민족이요 동포이기 전에 〈공산집단〉이요 〈적화통일〉이 되면 다 죽는다는 흑백의 논리에 지배되어, 분단시대에 살고 있다는 인식을 망각하게 되고 이 상태하에서 통일을 이야기한다는 것은 비현실적이라는 사고방식이 결국 통일을 관념적으로 받아들이게 하고 있는 것 같습니다. 다시 말하면 해방후 30여년간 계속되어온, 일종의 신화(神話)처럼 된 정치적 현실주의가 그렇게 만들어 놓았다는 얘기지요." p.7. 이영희(李泳禧): "우리가 만약에 통일을 관념적인 것이라고 하면서 통일에의 지향을 거부하거나 여기에 대한 진정한 노력을 하지 않는다면 전쟁으로 해결하려는 형태가 찾아올 위험이 더욱 커진다는 말씀입니다. … 통일을 거부하는 상태에서는 언제까지나 전쟁의 위험을 머리 위에다 실로 매달은 돌처럼, 언제 떨어질지 모르는 상태로 지니고 있는 것과 마찬가지죠." pp.9~10.

[4] 위 좌담회에서의 이영희의 발언. p.9.

[5] 위 좌담회에서의 백낙청의 발언. p.10. 이 주장은 이영희의 발언에 대한 일종의 해석이다. "현실이란 문제를 놓고 종합적으로 본다고 하면 분단된 상태의 민족이거나 국토는 항상 전쟁으로라도 통일되려고 하는 경향이 있게 마련입니다. … 아주 구체적이고 리얼리스틱한 해결방법은 무어냐, 또 우리의 존재양식으로서 생각해야 할 내용은 뭐냐고 할 때 7.4선언을 충실히 이행하려는 노력이지 탱크의 힘이나 콩크리트의 힘, 이것만으로 가능하다고 생각하는 것은 이른바 현실주의자들의 이해관계마저 영(零)으로 만들어버리는 위험성이 있다." 위의 글, p.10.

가, 분단이 지속되는 한, 한반도에서 "국가사회의 비정상과 일그러짐
이 영원히 풀리지 않는다는 것은 두말할 것도 없"다.[6]

　한반도 분단/통일에 대한 현실주의적 접근과 비판이론적 접근이라
는 두 대표적 관점 사이에 존재하는 차이는 해방정국 이후 현재까지
한반도를 지배하고 있는 세 가지 핵심 문제를 둘러싸고 나타난다. 이
문제들은 자주, 평화, 통일이라는 세 개념으로 표현될 수 있다.[7] 이들
세 개념은 추구해야 할 목표와 가치이기도 하고, 반드시 해결하거나
처리해야 할 과제이기도 하고, 목표와 가치를 추구하거나 과제를 해결
하고 처리하는 과정에서 지켜야 할 원리나 원칙이기도 하다. 자연히
두 접근 사이의 차이는 분단/통일과 관련한 인식의 차원에서뿐만 아니
라 실천의 차원에서도 드러난다.

　한반도 남북의 두 국가가 한반도의 핵심 문제와 관련하여 제시하고
추진하였던 담론과 정책은 두 접근의 차이를 구체적으로 보여준다. 대
한민국과 조선민주주의인민공화국은 때로는 서로 적대하고 군사적으
로 충돌하였지만, 때로는 자주와 평화의 원칙에 합의하고 남북관계의
개선과 발전을 위한 노력을 공동으로 기울였다. 남북한은 분단 극복과
통일 실현의 수단으로서 압박과 무력을 선택하기도 하였지만, 대화와
협력을 선택하기도 하였다. 이에 따라 분단 70년 동안 남북관계는 전
쟁과 분열의 길로 나아갈 때도 있었지만, 평화와 통일의 길로 나아갈
때도 있었다.

---

6) 위 좌담회에서의 이영희의 발언. 위의 글, pp.9~10.
7) 세 문제에 하나를 덧붙인다면, 민주주의 실현 또는 '국가사회의 비정상과 일그러짐
　의 극복'의 문제를 들 수 있다. 이 글은 민주주의의 문제를 불가피한 경우에만 아주
　최소한으로 다루려고 한다. 남북조선정당사회단체 대표자 연석회의 결정서(1948. 4.
　23)에서는 '조선 인민의 손으로 통일적 민주주의 자주 독립국가를 수립할 권리'를 강
　조하고 있다. 심지연, 『남북한 통일방안의 전개와 수렴』, pp.108~109.

이 글은 분단 70년 동안 남북한이 분단, 통일, 남북관계 등과 관련하여 발표한 담론과 정책에서, 그리고 남북한이 채택한 합의에서 두 관점이 어떻게 반영되고 있는지를 살펴보려고 한다.[8] 남북관계의 실제 전개 상황과 내·외적 환경을 분석하거나, 입장·정책과 합의가 나타나게 되었던 내·외적 배경을 체계적으로 분석하거나, 남북한 당국의 정치·외교적 의도를 파악하거나, 입장·정책과 합의가 남북관계에 가져왔던 실질적 결과와 변화를 설명하는 것은 이 글의 일차적 목적을 벗어난다. 남북관계와 직접 관련된 담론·정책과 합의 등에 반영된 두 관점을 확인한 뒤, 우리는 두 관점의 차이가 세 가지 핵심 문제와 관련하여 어떤 식으로 표현되고 있으며 또한 어떤 쟁점을 만들어내는지를 알아내려고 한다. 비록 남북관계에서 나타나고 있는 사태의 실제 전개와 담론·정책·합의 사이의 괴리에도 불구하고, 이러한 노력은 한반도문제의 해결과 관련하여 현재에도 여전히 나타나고 있는 한국 사회 내부의 남남갈등과 남북한 사이의 대립·대결을 극복하는 데에 조금이나마 기여할 것이다.

II. 분단과 전쟁

왜 한반도의 분단은 전쟁으로 귀결될 수밖에 없었는가? 1948년 4월 중순 서울에서 발표된 문화인들의 성명에서, 그리고 같은 달 말 평양

---

8) 남북한의 선언, 정책, 합의문 등은 일차적으로 심지연, 『남북한 통일방안의 전개와 수렴』(서울: 돌베개, 2011)에 나오는 선별된 텍스트들을 참조하였다. 텍스트의 정확성은 비판적 판본이나 연구 결과물 등을 통해 확인하려고 하였다. 이 글은 심지연의 연구에 큰 빚을 지고 있음을 밝혀 둔다.

에서 발표된 남북조선정당사회단체 지도자 협의회의 성명에서, 전쟁은 양분된 한반도에 잠복해 있는, 또는 분열된 한민족이 피하기 힘든, 위험으로 등장한다. 문화인들의 성명에 따르면, 국토 양단과 민족 분열은 저절로 민족 내부의 전쟁으로 이어질 수밖에 없다(위 〈각주 2〉 참조). 실제로 남북한이 국가로 공식 출범한 지 만 2년이 채 되지도 않아 한반도에서는 전쟁이 일어났다. 분단과 전쟁 사이에는 마치 '원인―결과 관계'가, 혹은 '환경과 행동 사이의 관계'가 존재하는 것처럼 보인다. 과연 그러한 관계는 실제로 존재하는가?

  '분단국가'가 한반도 남북에 수립된 직후 얼마 지나지 않아서 남북한 최고지도자들은 통일을 위한 전쟁을 언급하기 시작한다. 남한의 이승만 대통령은 1948년 말 국회에서 남북통일문제가 첫 번째 토의 사항이라고 언급하고 자유선거를 통한 평화 통일 실현을 내비쳤으나, 1949년 9월부터는 북한에 대한 군사적 행동을 주장하였다.[9] 북한 지역은 분단되었기 때문에 남한의 주권이 미치지 못하는 지역이 아니라, 한반도의 유일한 합법정부인 대한민국이 공산주의자들에게 빼앗긴 '실지(失地)'이다. '공산당 타도'와 '압록강과 두만강이라는 자연적 국경 복원·유지'는 '한국 정부 및 국민'과 '북한 동포'의 '욕구'이다. 한반도와 한민족은 전체가 대한민국의 단일 주권이 행사되어야 하는 국토이자 주권의 기초가 되는 국민(인민)이지만, 일부가 공산주의자들에게 빼앗긴 것이다.

---

[9] 현재 문단과 다음 문단에서 인용되고 있는 문구들은 이승만 대통령의 기자회견 (1949. 9. 30) 발언 내용 등에서 가져왔다. 국사편찬위원회 한국사데이터베이스 중 『자료대한민국사 14권』 (2000) (http://db.history.go.kr/item/level.do?itemId=dh&levelId=dh_014_1949_09_30_0160, 검색일: 2016. 3. 10); 심지연, 위의 책, pp.112~113 참조. 이승만은 단도직입적으로 '북벌', '북한 점령' 등을 언급하기도 한다. 심지연, 같은 책, pp.113~117.

그런데 당시 한국 정부가 실제로 직면하고 있던 일차적 문제는 '실지 회복으로서의 통일'이라기보다는 남한 지역 내에서 '대한민국의 재산을 약탈하고 인민을 살해하고 있는 공산 게릴라들의 도적 행위'를 소탕하는 일이었다. 남한 내 정세의 안정이라는 긴급한 정치적 과제('집안의 소제와 정돈')가 한편으로는 북한 정권 타도를, 다른 한편으로는 공산주의에 대한 투쟁을 전면으로 불러내고 있었다. 긴급한 정치적 과제와 전면에 내세워진 정치적 대의 사이의 괴리는 이승만 정권의 '정치적 현실주의'가 지닌 한계를 그대로 보여주었다. 그런데 이승만 정권은 '북벌'을 내세우면서도 자신들의 후견국인 미국의 전략적 우려에 대해서는, 곧 한반도에서의 통일 전쟁이 제3차 세계대전으로 이어질지도 모른다는 미국의 정세 판단에 대해서는 현실적으로 반응하지 않을 수 없었다.[10]

한편, 북한의 김일성 수상은 1948년 9월 정부 정강을 발표하면서, '국토완정'과 '민족통일'이라는 두 개념으로 설명되는 "완전한 조국통일 실현"과 "부강한 민주주의자주독립국가 건설"을 정부의 핵심 정강으로 내세운다.[11] 국토완정과 민족통일 사이의 개념적 구분은 1949년 신년사에서 '국토의 완정'과 '조국의 통일'이라는 두 개념의 병렬적 제시 또

---

10) 이승만이 인식하고 있던 현실적 제약은 당시 야당이던 한국민주당도 공유하고 있었다. "38선을 깨치고 통일한 국토로 함에는 외교적으로는 물론이오. 군사적으로도 제3차대전이란 국제적 관련성을 가지고 해결하지 않으면 안되겠다는 것이다." 함상훈, "외교와 무력에 의한 통일,"『민성』제5권 제3호, (1949년 3월), p.23; 심지연, 앞의 책, p.120 재인용.

11) 김일성, "조선민주주의인민공화국 정부의 정강－조선민주주의인민공화국 최고인민회의 제1차 회의에서 발표한 정강 1948년 9월 10일,"『김일성 저작집 4』(평양: 조선로동당출판사, 1979), p.438. "국토완정: 한 나라의 령토를 단일한 주권밑에 완전히 통일하는것." 조선민주주의인민공화국 사회과학원 언어학연구소,『조선말대사전』(평양: 사회과학출판사, 1992), p.334.

는 동일시로 전환된다. 그리고 한 단계 더 나아가 북한 지도부는 '국토의 완정'과 '조국의 완전자주독립'을 분리할 수 없는, 실제로는 동일한 목표로 제시한다.[12] 이제 통일은 분단의 극복이라는 의미보다 한반도 전체에 대한 조선민주주의인민공화국 주권의 온전한 확장이라는 의미를 갖게 되었으며, 이는 곧 자주독립을 의미하였다.

국토완정이라는 국가목표의 의미가 확장되는 과정은 북한의 통일정책이 '민주기지 건설에 기반을 둔 평화적 통일'로부터 '무력에 의한 통일'로 전환되는 과정이다. 1949년 1월 신년사에서는 '평화적 통일'이라는 구절이 사라지고, '국토의 완정과 나라의 완전자주독립을 쟁취하기 위한 거족적 구국투쟁'이 핵심 구호로 등장한다.[13] 물론 이후에도 '평화적 통일'이라는 구절이 등장하지만, 이는 오히려 무력투쟁을 정당화하는 문맥에서 사용된다. 예를 들면, 김일성 수상은 1949년 말 '조국의 평화적 통일 노선'과 '미제국주의자들의 식민지 예속화 정책과 침략전쟁 노선'을 대비시킨다. 또한, '미제국주의자들의 침략 정책과 이승만 도당의 파쇼 테러통치'에 반대하는 '남반부 인민들의 무장유격 투쟁'에 대한 지지에도 불구하고, 김일성은 '동족상쟁 반대'를 기본 입장으로 내세운다.[14] 그러나 마침내, 김일성은 1950년 1월에는 "폭력에는 폭력

---

12) 김일성, "국토의 완정과 조국의 통일을 위하여 궐기하자 – 1949년을 맞이하여 전국인민들에게 보낸 신년사 1949년 1월 1일,"『김일성 저작집 5』(평양: 조선로동당출판사, 1980), pp.1~13. '민족의 분렬'에 대비되는 '민족의 통일'과 '국토의 량단'에 대비되는 '국토의 완정'으로 통일을 설명하는 방식은 1949년 9월에도 사용된다. 김일성, "조선민주주의인민공화국창립 1주년 – 조선민주주의인민공화국 최고인민회의 제4차회의에서 한 보고 1949년 9월 9일,"『김일성 저작집 5』(평양: 조선로동당출판사, 1980), p.243.

13) 또 다른 표현으로는 '조국의 통일과 자유와 독립을 위한 전체 조선인민의 장엄한 거족적 구국투쟁'이 사용된다. 김일성, "국토의 완정과 조국의 통일을 위하여 궐기하자 – 1949년을 맞이하여 전국인민들에게 보낸 신년사 1949년 1월 1일,"『김일성 저작집 5』, pp.1~13.

으로 대답하여야 한다"는 구호를 남한 인민들에게, 그리고 1950년 6월에는 "만일 미제와 리승만괴뢰도당이 분별없이 공화국북반부를 반대하는 전쟁을 도발한다면 우리는 어떻게 하여야 하겠습니까"라는 질문을 북한 인민과 간부들에게 던진다.[15] 1950년 6월 한반도에서 전쟁은 바로 눈앞에 있었다.[16]

사실, 식민지 지배를 벗어났지만 강대국의 분할 점령과 신생 권력층들의 권력투쟁 때문에 한반도 전체에 하나의 독립민족국가가 수립되지 못하고 한반도 남북에 두 개의 국가가 세워진 상황에서, 한민족이 통일을 추구하고 또한 대한민국과 조선민주주의인민공화국이 통일을 국가목표로 내세우는 것은 당연한 측면이 있다. 국제관계의 기초 단위가 근대국민국가인 시대에, 국가 건설은 민족의 생존을 좌우하고, 역사적으로 만들어진 민족은 국가의 물적 기반이 된다.[17] 민족은 국가를

14) 김일성, "맑스-레닌주의와 프로레타리아 국제주의 원칙에 더욱 충직하자-1949년 12월 15일 조선로동당 제2차 전원회의 보고," 심지연, 앞의 책, 재인용, pp.120~123. 이 보고에서 김일성은 '세계 민주주의적, 반제국주의적 진영'과 '제국주의적 반민주 진영'의 '정반대되는 두 개의 노선'이 한반도에서 대립하고 있다고 강조한다(p.120). "리승만은 우익지도자인 김구가 조국의 평화적통일을 주장하였다 하여 그를 학살하였다. … 조선인민은 조국의 평화적통일을 방해하는 리승만 괴뢰정부를 때려부시기 위한 투쟁에 일떠섰다." 김일성, "통일적민주주의독립국가건설을 위한 조선인민의 투쟁 1950년 5월," 『김일성 저작집 5』, pp.483, 485.

15) 김일성, "1950년을 맞이하여 공화국 전체 인민들에게 보낸 신년사 1950년 1월 1일," 『김일성 저작집 5』, p.357; 김일성, "우리 나라에 조성된 긴박한 정세와 내무기관들의 당면과업-각 도내무부장들앞에서 한 연설 1950년 6월 22일," 『김일성 저작집 5』, p.499.

16) 당시에 이미 김일성은 전쟁책임론을 의식하고 있었다. "물론 전쟁은 우리가 일으키는것이 아니고 전쟁광신자들인 미제와 리승만괴뢰도당이 도발하는것이므로 언제 전쟁이 일어난다고 찍어 말하기는 어렵습니다. 그러나 모든 징조로 보아 적들이 인차 전쟁을 도발할수 있습니다." 김일성, 위의 글, p.504.

17) "국제정치는 그 정의상 복수로 존재할 수밖에 없는 국민국가 또는 민족국가 사이의 게임이라고 할 수 있다. 이 국가의 심리적 기초가 민족적 정체성 또는 민족적 일체감이다. 이 기준에 따른다면, 한반도에는 하나의 민족적 정체성이 존재하지만 여전

통해 살아남고, 국가는 민족을 통해 완성된다. 민족에게 국가는, 또한 국가에게 민족은, 없어서는 안 되는 존재이다. 당연히 민족에게 국가 형성은, 국가에게 민족 형성은 사활적 이익이다. 특히 식민지 지배를 벗어난 뒤에 식민지 이전처럼 단일한 정치공동체로서 하나의 국가를 세우려는 민족의 경우라면, 통일국가 수립에 대한 갈망은 민족구성원들의 가장 강력한 정치적 열망이자 명분이 된다. 양분된 민족에 기반을 둔 분단국가 각각에게 통일은 민족구성원 전체를 상대로 정치적 정당성을 획득하는 가장 좋은 대의명분이다. 또한, 민족의 이름으로 통일이 요구될 때, 통일은 분단국가 모두에게 피할 수 없는 정치적 압박이다. 통일은 민족과 국가를 이어주는 매개물이다. 강한 '민족의 논리'와 강한 '국가의 논리'가 통일을 통해 결합된다. 분단국가라는 정체성을 갖고 있는 한, 민족담론과 국가담론은 분리되지 못한다. 분단된 민족 위에 세워진 국가는 분단된 국가이다. 통일은, 민족담론의 차원에서나 국가담론의 차원에서나 사활적 이익이다. 양분된 민족의 양 진영은, 분단국가들은 통일이라는 사활적 이익을 놓고 대면하지 않을 수 없다.

통일이 사활적 이익이라고 하더라도, 분단의 조건과 과정에 따라, 분단 이후의 정세에 따라, 그리고 분단에 대한 이해 방식 또는 의미 부여에 따라, 분단국가들의 통일정책은 두 국가의 관계를 갈등과 충돌의 방향으로 몰아갈 수도 있고, 아니면 대화와 협력의 방향으로 나아가게 할 수도 있다. 두 국가의 수립으로 한반도의 분단이 사실상 완결된 이

히 온전한 형태의 민족국가는 존재하지 않는다고 할 수 있다(그러나 하나의 민족적 정체성이 존재하는지도 사실은 의문이다). 이른바 통일로 표현되는 민족국가의 완성이 우리에게 주요한 과제처럼 인식되는 것도 부분적으로는 이 국제정치의 효과라고 할 수 있다." 구갑우, "지구화 시대의 국제정치 비판,"『국제관계학 비판—국제관계의 민주화와 평화』(서울: 후마니타스, 2008), pp.12~13.

후에도, 남북한 모두는 한반도의 실질적 분단을 인정하지도 않았고, 당연히 대화·협상·협력을 통해 분단 현실을 타파하려는 길도 모색하지 않았다. 남한의 권력지도부에게 한반도 북쪽은 공산주의자에게 빼앗긴 '실지'였을 뿐이었고, 북한의 권력지도부에게 한반도 남쪽은 '미제국주의자들의 지배하에 놓인 식민지'였을 뿐이었다. 남북한이 분단 현실을 실제로 받아들이지 않고 또한 서로를 정치적 상대로서 인정하지 않는 상태에서, 남북한은 통일을 분단 극복이 아니라 '실지 회복'이나 '식민지 해방'으로 규정하였다.[18] 이러한 남북한의 입장에서 본다면, 전쟁은 '통일'을 실현하는 가장 적정한 수단이었다. 한반도에서 전쟁은 남북한의 정책 담론에서 각각 '북벌'과 '남조선 해방'이라는 목표를 달성하기 위한 유일한 수단이었다. 더욱이 당시의 정치문화에서 전쟁은 낯설거나 기피되는 선택이 아니었다. 남한 사회 내부에서는 테러와 무력 충돌로 인한 혼란이 끊이지 않았고, 남북한 사이에서도 38선 주변에서 무력 충돌이 계속되었다. 그런데 외세들 간의 대립과 국내 정치세력 사이의 대결이 타협을 통해 해결되지 못하면서 분단이 구체화되었다는 점에서 그리고 남한의 혼란과 북한의 안정이 극단적으로 대비되는 정세였다는 점에서 전쟁이 일어날 가능성이 높았다고 하더라도, 당시 미국과 소련은 한반도에서 전쟁이 일어나는 것을 표면적으로 지지하지 않았다. 이런 의미에서 전쟁을 정책 수단으로 내세운 것

---

[18] "(이승만의) 북진통일론은 남한을 해방하겠다고 의욕한 김일성의 국토완정론에 대응하는 북한해방론이었다. 국토완정론과 북진통일론이야말로 전간기 동안 정면에서 맞물려 충돌한 대립물이었다." 박명림, 『한국전쟁의 발발과 기원Ⅱ: 기원과 원인』(서울: 나남, 1996), pp.594~595. 정영철은 남북한 통일방안의 대립을 '일원론적 통일관의 대립과 갈등'이라고 표현하고 있다. 정영철, "남북한 통일정책 역사와 비교: 체제 통일에서 공존의 통일로," 이화여자대학교 통일학연구원 편, 『남북관계사─갈등과 화해의 60년』(서울: 이화여자대학교출판부, 2009), 2절.

이나 실제로 전쟁을 시작한 것은 남북한 각각에게는 일종의 '자주적 역량'의 표현이었다. 후견국가 미국과 소련에 비해 상대적으로 약소국이었던 남북한이 정책 차원에서 후견국가로부터 일정 정도 확보하고 있던 상대적 자율성이 전쟁의 조건이 되었다.[19]

III. 자주, 평화, 민족대단결: 실패한 전쟁, 그리고 대안의 모색?

한국전쟁은 한민족과 전쟁에 직접 참가했던 사람들 거의 모두에게 비극이었으며, 남북한 지도부에게도 정치적 실패였다. 남한의 이승만 대통령이 외치던 북벌이나 멸공통일도, 북한의 김일성 수상이 내세우던 남조선 해방이나 미제국주의 타도도 실현되지 못했다. 전쟁은 승자가 없이 멈추었고, 통일은 완전히 실패로 돌아갔다. 그런데 막상 전쟁이 끝나고 나자, 전쟁의 피해는 권력집단에게 돌아가지 않고, 고스란히 남북한의 인민들에게 전가되었다. 남북한의 지배집단은 실질적인 전쟁 패배에도 불구하고 정권을 유지함으로써, 한반도문제에 관한 어

---

[19] 한국전쟁과 관련한 남북한의 정책에 대한 심지연("통일문제의 이중 구조: 자주화와 국제화," 『남북한 통일방안의 전개와 수렴』)의 평가는 매우 함축적이다. "남북이 모두 자신이 중앙정부임을 주장하면서 무력 사용도 불사하겠다는 상황이었기에 대화가 이루어질 수 없었고 상대방에 대한 불신만 더해 갔다. 이러한 상황은 어느 의미에서는 내전 상태라고 볼 수 있는데, 이를 종식시키기 위해 어느 한편도 구체적인 노력도 하지 않았다. 단지 상대방을 제압하기 위한 기회만을 엿보고 있었는데, 이 중에서 먼저 행동으로 옮긴 것이 북한이다." (p.33) 한편 남한의 경우를 보면, "협상을 배제한 채 북진통일론만을 내세우며 그 외에는 어떠한 통일방안이나 통일운동도 제기되기 어려운 상황을 만들어 놓았으면서도 남한정부는 아무런 대책도 마련해 놓지 않고 있었다. 이로 인해 이승만은 단지 미국의 군사 원조를 끌어내기 위한 '공갈정책'으로서 북진을 강조했을 뿐이라는 분석도 나왔다." (pp.31~32) 남북한이 미국과 소련에 대해 정책 차원에서 누렸던 상대적 자율성은 자율성의 정도에서뿐만 아니라 자율성의 실제 집행(집행 역량)에서도 차이가 났음을 알 수 있다.

떠한 교훈도 전쟁으로부터 얻지 못한 것 같았다. 통일은 더욱 멀어지고 분단은 고착화되었지만, 한반도 남북의 최고지도자들은 자주, 평화, 통일에 대해 새로운 관점이나 전망을 전혀 내어놓지 않았다.

전쟁은 남북한 양쪽에 경제의 완전한 붕괴와 군사 분야 주권의 실질적 상실을 가져왔다. 남북한이 누리던 한반도문제와 관련한 정책적 자율성은 사라졌다. 정전은 강대국들의 협상에 의해 최종 결정되었다. 한반도 정전협정이 체결된 뒤, 국제사회는 한반도문제와 베트남문제를 다루기 위해 제네바회의(1954.4.26 ~ 7.20)를 개최하였다. 제네바회의 중에서 소련을 포함하여 한국전쟁에 직접 관련된 국가들이 참가하여 한반도문제를 다룬 회의들(1954.4.26 ~ 6.15)은 남북한 각각의 노력에도 불구하고 한반도문제와 관련하여 어떠한 결정이나 합의도 없이 끝나고 말았다. 한편, 남한 정부는 미국으로부터 경제적 · 군사적 원조를 얻기 위한 대미외교를 펼쳤고 한미상호방위조약을 체결하는 데에 성공했지만, 그러한 외교가 자율성이나 자주를 의미하지는 않았다. 무엇보다도 한국 정부는 남북관계와 통일 문제에 대한 정책 추진에서 신뢰와 역량 상실 때문에 주도성을 갖지 못했다. 남한 정부에 비해 상대적으로 나은 처지에 있다고는 했지만, 북한 정부도 1950년대 중후반 소련과 중국으로부터 완전한 주권을 보장받는 데까지 어려움을 겪지 않을 수 없었다. 주체사상의 구축 작업은 실질적으로 자주권을 회복하기 위한 정치적 과정의 하나로 이루어졌다. 가장 큰 문제는 '조국해방전쟁'이라는 명명에도 불구하고 '전쟁을 통한 조국 해방과 통일'이라는 북한의 노선이 현실에서 부정되고 '식민지 지배 체제로부터의 해방' 또는 '탈−식민' 또는 '민족 자주' 또는 '완전 독립'이라는 대의명분이 남북한 민족구성원의 사회의식과 정치문화에서 실질적 영향력을 잃게 되었다는 사실이다.[20] 해방 이후 한반도 전체에서의 탈−식민주의적 정치실천은 일차적으로는 미·소 양국의 군사적 점령과 민족 내부 정치세력 사이의 분열 때문에, 그 다음으로는 한국전쟁 때문에, 정치적 기회와 사회적 기반을 잃고 말았다.

전쟁의 비극에도 불구하고, 한반도 평화 유지와 평화적 통일에 대한 진지한 대안의 모색은 이루어지지 못했다. 정전 직후, 당연한 일일지는 모르지만, 남북한 최고지도자들은 평화 통일보다는 무력 통일에 여전히 더 큰 비중을 두고 있었다. 이승만 대통령은, 휴전 직후 전 국민을 대상으로 한 담화문(1953.7.28)에서, 정전 협정 이후 개최될 (그러나 실제로는 개최되지 못한) 정치회담을 통한 통일 완성의 실패가 오히려 '평화수단의 무용성'을 세상에 알리고 "우리 자력으로 통일을 완성할 길"을 생기게 할 것이라고 주장한다. 김일성 수상도 방송 연설(1953.7.28)에서 '항구한 평화'와 '평화적 통일' 등을 언급하지만 연설의 핵심 초점을 '민주기지 건설'을 바탕으로 한 '국토 완정과 조국통일'에 두고 있다. 남북한의 두 최고지도자가 언급하고 있는 '재건'이나 '전후 인민경제 복구·발전'은 이러한 맥락에서 큰 의미를 갖지 못하고 만다.[21]

한국전쟁 직후 한반도문제를 지배했던 국제화 경향, 남북한 최고지도자들의 비평화적이고 대결적인 태도, 통일과 관련한 현실적 전망의 부재 등은 1950년대와 1960년대에 걸쳐 거의 20년 동안 계속되면서, 정

---

[20] 북한 지도부는 '조국해방전쟁'이라는 표현을 한국전쟁 발발 직후(1953년 6월 27일)부터 사용하였으며, 전쟁이 끝난 직후인 1953년 8월 17일에는 '조국해방전쟁기념관'을 개관하였다. 김일성, "조국해방전쟁의 승리를 위한 각 정당들의 과업: 조선로동당, 북조선천도교 청우당 도위원회 위원장련석회의에서 한 연설 1950년 6월 27일," 『김일성 저작집 6』 (1980) 참조.

[21] 이승만, "전 국민에게 1953.7.28. 담화문," 대통령기록관 대통령기록연구실 내 기록정보 ⇒ 연설기록 (http://www.pa.go.kr/research/contents/speech/index.jsp, 검색일: 2016. 3. 15); 김일성, "정전협정체결에 즈음하여 – 전체 조선인민에게 한 방송연설 1953년 7월 28일," 『김일성 저작집 7』, pp.524~542.

치적 대립과 무력 충돌이 남북관계를 지배하도록 만들었다. 1950년대와 1960년대에 발표된 남북한의 다양한 선언과 성명, 담론과 정책 들은 1972년 7월 발표될 7.4남북공동성명의 핵심인 자주·평화·민족대단결이라는 세 가지 통일원칙의 단초를 부분적으로 제시하면서, 한반도문제와 관련하여 때로는 전진하기도 하고 때로는 후퇴하기도 한다.[22] 남북한은 오랜 시간을 거치면서 때로는 국제사회의 압력에 대응해서, 때로는 변화하는 남북한 내부의 정세에 따라서, 때로는 남한에 대한 북한의 패권적 혁명전략에 따른 남북한 군사적 충돌의 충격과 한계 때문에, '증오를 통한 상호 간 승인' 또는 '상대방의 부정을 통한 자기 정당화'를 벗어나 상대방을 현실적인 정치적 실체로서 인정하게 된

---

22) 이 과정을 보여주는 남북한의 공식적 문헌은 심지연,『남북한 통일방안의 전개와 수렴: 1948~2001 자주화·국제화의 관점에서 본 통일방안 연구와 자료』, 2부 2장 2절, 3부 참조. 특히 필자가 주목하는 텍스트들은 1954년 제네바회의에서 발표된 남북한의 입장, 1957년 10월『중앙정치』에 발표된 조봉암의 글 "평화통일에의 길"("현금의 모든 정세로 보아 우리가 통일을 이룩하는 데 있어서 무력적인 방법이라고 하는 것은 이미 때가 지나간 것이다. 이제 남은 길은 정치적 평화적 방법만이 우리 앞에 놓여져 있는 것이다. … 나는 오직 정치적 평화적 방법에 의해서 통일을 이룩하되 어떻게 민주적 승리에 의한 통일을 이룩할 수 있느냐 하는 것을 생각하고 노력하는 것이야말로 통일과업의 중심과제임을 강조해 마지않는다."), 남북한 공존을 전제로 한 연방제와 '북한판 기능주의적 통일방안'을 제시한 김일성 수상의 8.15경축사("연방제는 당분간 남북 조선의 현재 정치 제도를 그대로 두고 조선민주주의인민공화국 정부와 '대한민국' 정부의 독자적인 활동을 보존하면서 동시에 두 정부의 대표들로 구성되는 최고민족위원회를 조직하여 주로 남북 조선의 경제 문화 발전을 통일적으로 조절하는 방법으로 실시하자는 것입니다. … 정치문제를 제쳐놓고라도 먼저 남조선 동포들을 굶주림과 가난에서 구원하여 할 것입니다. 남북 사이의 경제 교류와 함께 문화 교류를 널리 실시하며 인민들이 자유롭게 오고갈 수 있게 되어야 합니다." 1960. 8. 14), '남한판 민주기지론'(선건설·후통일 노선)이자 기능주의적 통일방안의 초기적 형태라고 할 박정희 대통령의 1967년 연두 교서("공업입국의 조국 근대화가 이루어질 1970년대에는 . … 통일에 대한 우리의 자주적인 기반과 기회가 마련되며 국제정세도 크게 변동될 것으로 나는 내다봅니다. … 통일의 길은 경제 건설이며 민주 역량의 배양입니다. 우리의 경제, 우리의 자유, 우리의 민주주의가 북한으로 넘쳐흐를 때 그것은 곧 통일의 길입니다." 1967. 1. 17) 등이다. 인용문은 심지연의 책에서 가져왔다(각각 pp.206~212, 247~249, 277~278).

다.23) 마침내 1970년대 초반부터 적십자회담 형태로 남북대화가 시작되고, 2개월에 걸친 비밀협상을 통해 통일 3원칙이 담긴 7.4남북공동성명이 발표된다. 이러한 극적 변화의 계기가 마련된 이후, 남북한은 남북조절위원회라는 고위급대화를 운영하면서, 통일방안 차원의 경쟁을 벌인다. 그러나 남북대화는 1973년 8월 북한의 선언으로 '실질적으로' 단절되고, 남북한은 1973년 말부터 독재체제의 강화에 기반을 둔 대결국면에 다시 돌입한다.24)

남북한은 7.4남북공동선언에서 서로가 통일에 대해 '공통된 염원'을 가지고 있다는 사실을 분명하게 확인하고, 나아가 양측 모두 지금까지의 정책노선과 달리 자주·평화·민족대단결을 통일원칙으로 수용할 것임을 천명하였다. 한국전쟁과 그 이후 남북관계에서 확인되었듯이, 자주와 평화는 남북한이 서로를 부정하고 있는 상황에서는 함께 갈 수 없는 통일원칙이었다. 남북한이 서로 상대방을 부정할 때, 자주는 단순히 한민족 차원에서 외세로부터의 자율성을 의미하는 것을 넘어서 남북한 사이에서조차 무력을 사용해서라도 자기중심적으로 또 일방적·배타적으로 통일을 실현하겠다는 '흡수통일' 추구를 의미했다. 당연히 공존과 협력을 추구하는 평화의 원칙은 자주의 원칙과 충돌할 수밖에 없었다. 더욱이 남북한이 증오하고 적대하고 있는 상황에서 평화를 내세우는 것은 단지 정치적 기만과 수사이거나, 아니면 강대국에

---

23) 두 표현은 강만길·김윤수·이영희·임영택·백낙청, "좌담회: 분단시대의 민족문화,"『창작과비평』제12권 제3호 (1977년 9월) 중 이영희의 발언에서 가져왔다. p.17. 이영희에 따르면, 이 표현은 서독 시인 엔쩬스버거(Hans Magnus Enzensberger)의 것이다.

24) 남북조절위원회는 본회담이 1973년 6월 3차까지 진행되고, 부위원장회의가 1975년 3월 10차까지 진행된다. 남북회담본부 홈페이지, 연도별 회담현황 참조. (http://dialogue.unikorea.go.kr, 검색일: 2016. 3. 15).

의해 강요된 현상 유지의 수용, 곧 분단의 소극적 인정을 의미한다. 사실 평화가 통일의 원칙이 되기는 어렵다. 그런데 7.4남북공동선언에서 자주와 평화가 통일원칙으로 제시되었을 때, 남북한은 서로의 존재를 현실적으로 인정하겠다는 정치적 의지를 밝힌 것이다.[25] "사상과 이념·제도의 차이를 초월하여 우선 하나의 민족으로서 민족적 대단결을 도모하여야 한다"는 세 번째 원칙은 '차이의 인정'과 '동일성의 수용'을 통해 자주의 원칙과 평화의 원칙이 충돌하지 않도록 하는 주요한 매개항이 된다. 자연히 이러한 통일의 원칙으로부터 긴장 완화, 신뢰 형성, 무력 충돌 방지, 교류·협력, 제도 구성·운영 등의 정치적 실천의 목록이 나온다. 자주, 평화, 민족대단결이라는 세 원칙은 서로 결합됨으로써 통일이 실제로 실현될 수 있도록 하는 하나의 정합적이고 체계적인 원칙 목록, 곧 현실적 통일원칙이 된다. 이러한 통일원칙의 합의는 그동안 남북한의 정치권력이 신봉해 왔던 분단/통일에 대한 비현실적이고 이데올로기적인 '정치적 현실주의'를 벗어나는 결정을 남북한의 최고지도부가 내렸다는 의미로 해석될 수 있다.

7.4남북공동성명에 대한 적극적인 의미 부여는 두 측면에서 비판에 직면한다. 먼저, 1970년대 초반 남북한의 대화와 합의는 결코 정치적 현실주의를 벗어난 실천이 아니었다. 다음으로, 남북대화가 단절된 이후 1973년 후반에 일어났던 남한의 유신체제 성립과 북한의 유일지배체제 완성을 고려할 때, 1970년대 초반의 변화는 단지 일시적인 것이었으며 오히려 이후에 분단의 고착화는 강화되었다. 현실주의 관점에서 보면, 7.4남북공동성명이 발표되었지만, "남북 간의 관계는 근본적

---

25) 자주의 원칙: "통일은 외세에 의존하거나 외세의 간섭을 받음이 없이 자주적으로 해결하여야 한다." 평화의 원칙: "통일은 서로 상대방을 반대하는 무력행사에 의거하지 않고 평화적 방법으로 실현하여야 한다." (7.4남북공동성명 1항)

실패한 통일, 실패한 분단 ▎ 171

으로 아무 것도 바뀐 것이 없었다. 다만 당시 국제구조의 커다란 변화에 따라 남북이 전략적이고 합리적으로 대응했을 뿐이다. 미국과 중국의 관계 정상화에 충격을 받은 양국이 나름대로 능동적으로 상황에 대처한 것이다."[26] 심지어 자유주의 관점에서 1970년대 초반을 "국제체제의 변동에 따라 남북한 관계에 자유주의적 관점을 투사할 수 있는 기회"였다고 해석하더라도, "남북한 관계는, 7.4남북공동성명에 뒤이은 남북한의 권위주의체제의 강화―유신체제와 북한의 김일성헌법―로 다시금 이전 상태로 복귀했다. 남북한의 국내정치 때문에 쌍방의 통일정책이 분단체제의 적대성을 강화하는 수단으로 전락한 것이다."[27]

두 비판이 갖는 상당한 적실성에 대응하여 7.4남북공동성명의 의미를 제대로 다시 부각시키려면 경험적 논거의 제시와 이론적 분석에 따른 논증이 필요하지만, 이 글의 성격과 한계를 고려하여 다소 거칠게 논의를 제시해 보자. 국제구조의 변화에 따라 전략적 · 합리적 · 능동적 대응을 했다고 하더라도, 현실주의적 관점에서 볼 때 그러한 대응이 반드시 자주 · 평화 · 민족대단결 원칙에 따른 조국통일의 추구일 필요는 없다. 오히려 자주 · 평화 · 민족대단결이라는 세 원칙, 곧 하나의 체계로 결합된 원칙들은 그 자체로 이미 현실주의적 국제관계론의 근본 가정과 행위 패턴을 벗어난다.[28] 사실 7.4남북공동성명의 세 원칙은

---

26) 양준희, "현실주의 국제정치이론과 남북관계," 2000년도 한국정치학회 추계학술회의 발표문, (2000), p.18. 필자 스스로 강조하고 있듯이, 필자는 현실주의자가 아니지만, 현실주의 시각으로 남북관계를 해석하는 시도를 보여주고 있다. 박정희 대통령은 1973년 6월 평화통일외교정책을 발표하면서 '객관적 현실'에 대한 '능동적 대처', '현명하고도 확고한 방안' 등의 용어를 사용하고 있다. 박정희, "평화통일외교정책에 관한 대통령특별성명," 대통령기록관 대통령기록연구실 내 기록정보 ⇒ 연설기록 (http://www.pa.go.kr/research/contents/speech/index.jsp, 검색일: 2016. 3. 15).
27) 구갑우 · 박건영, "자유주의 입장에서 본 남북관계," 2000년도 한국정치학회 추계학술회의 발표문, (2000), p.6.

172 ┃ 분단 70년의 남북관계

국제구조의 현실적 변화에 대한 비판적 평가에 기초하여 채택된 원칙들이기 때문에, 그리고 기존의 질서를 벗어나 새로운 질서를 구축하려는 새로운 목표와 가치 지향을 담고 있기 때문에 '능동적·합리적·전략적' 대응이다. 만일 분단/통일 문제와 관련한 남북한의 합의가 국내 정치적 목적을 위한 상호 기만이라고 해석한다면, 이러한 해석 또한 현실주의적 국제관계론의 근본 가정과 행위 패턴을 벗어난다. 사실 남북한 사이의 정치는, '분단국가'로서 대한민국과 조선민주주의인민공화국이라는 '두 국가 사이의 정치'는 '국가 간 정치'를, 수많은 국가들 사이의 정치를 벗어난다. 한편, 1970년대 초반 이후 남북관계가 결코 7.4남북공동성명에서 합의된 통일원칙에 따라 변화하고 발전하지 않았다고 하더라도, 다시 말해 단속적인 대화와 접촉에도 불구하고 남북한 사이의 체제경쟁이 본격적으로 심화되고 전략적 차원의 외교전이 벌어졌다고 하더라고, 1970년대와 1980년대의 남북관계는 1950년대와 1960년대의 남북관계와 본질적으로 다르다고 해야만 할 것이다. 이런 의미에서 7.4남북공동성명을 전후한 1970년대 초반의 남북관계가 남북한 각각의 독재체제를 강화하는 수단으로 전락했음에도 불구하고, 이후의 모든 남북합의와 남북한의 담론·정책은 7.4남북공동성명으로부터 출발하거나 또는 그에 비교되어 평가되지 않을 수 없다. 7.4남북공

---

28) 여기서 필자가 참조하고 있는 현실주의의 근본 가정과 행위 패턴은 공세적 현실주의의 창시자 미어셰이머가 제시하는 다섯 가정(무정부상태의 국제체제, 공격적 군사 능력을 보유한 국가, 국가들 사이의 국가의 근본적 행동 동기로서 국가의 생존, 전략적 사고를 통한 생존 모색)과 세 행위 패턴(상호 공포와 불신, 생존을 위한 자구 체제 추구, 자국 권력의 상대적 극대화 추구)이다. 존 미어셰이머, "국제적 제도의 그릇된 약속," 한스 모겐소 지음, 이호재·엄태암 옮김, 『국가 간의 정치—세계평화의 권력이론적 접근 2』(서울: 김영사, 2014), pp.460~466 (John J. Mearsheimer. "The False Promise of International Institutions," *International Security* 19-3, (1994/95), pp.10~ 12). 한스 모겐소의 고전적 현실주의는 우리가 흔히 이해하고 있는 현실주의로 쉽게 환원되지 않는다. 앞의 책, 1권 1장 (pp.81~108) 참조.

동성명은 남북관계와 관련한 담론과 정책의 차원에서, 또 현실의 남북관계 차원에서 주요한 전환의 계기, 전환점이었다.

Ⅳ. 통일 지향의 분단국가: '두 개 국가 노선'과 '하나의 국가 노선'의 절충

1970년대 초반 이후부터 남북한이 서로를 정치적 실체로서 인정하는 위에 남북관계를 만들어나갔다고 하더라도, 남북관계가 대한민국과 조선민주주의인민공화국 사이의 관계로 완전히 확립되었다는 의미는 아니다. 남북한 쌍방이 서로의 정치적 실체를 양자관계에서 인정하는 것과 국제질서라는 차원에서 서로를 국제법적 실체로서 인정하는 것은 다르다. 1970년대 초반 남북한이 서로를 정치적 실체로서 인정한 뒤, 남북한은 말 그대로 정치적 · 경제적 차원의 체제경쟁을 본격화하기 시작하였다. 또한 이러한 체제경쟁은 남북관계를 정치적 실체이자 법적 실체인 두 국가 사이의 완전한 공식적 국가관계로 만드는 문제를 놓고 국제질서 차원에서도 치열하게 벌어졌다. 그러나 1990년대 초에 이르면 남북한은 서로를 독립된 '정상국가'로서 인정하면서, 동시에 자신들이 양국 관계에서는 단순히 '정상국가'들이 아니라 '함께 통일을 지향해야 하는 분단국가'들임을 수용하기에 이른다.[29] 이러한 변화는, 기존의 남북관계와 비교한다면, '현실적'이면서 동시에 '현실타파적'인 변화였다.

---

[29] 형식 차원에서 남북한이 남북합의문에서 '대한민국'과 '조선민주주의인민공화국'을 병기한 것은 1985년 8월 22일 채택된 〈남북 이산가족 고향방문 및 예술공연단 교환 방문에 관한 합의서〉이다.

남북한은 공교롭게도 같은 날인 1973년 6월 23일 통일외교에 관한 원칙을 발표한다. 박정희 대통령은 유엔에서의 '한국문제' 토의 수용(북한 측 초청 찬성)과 남북한의 유엔 동시 가입을 주장하였고, 김일성 주석은 유엔에서의 '조선에 관한 문제' 토의 수용(당사자로서 북한 참여 전제)과 '고려연방공화국 국호를 가진 하나의 국가로서 유엔 가입'을 주장하였다.[30] '남북한의 유엔 동시 가입' 또는 '두 개 조선' 노선을 둘러싼 남북한의 이견은 북한이 남북대화를 중단할 수 있도록 하는 주요한 명분이 되었다. 1970년대 초반 남북한은 통일방안에서 '두 개 국가 노선'과 '하나의 국가 노선'을 놓고, 자연히 기능주의와 연방주의를 놓고 경쟁하고 있었다.[31] 따라서 통일과 관련한 남북한의 담론·정

[30] 박정희 대통령은 일곱 가지 정책을 선언한 뒤, 단서를 달고 있다. "나는 이상에서 밝힌 정책 중 대북한 관계 사항은 통일이 성취될 때까지 과도적 기간 중의 잠정 조치로서, 이는 결코 우리가 북한을 국가로 인정하는 것이 아님을 분명히 하여 둡니다." 박정희, "평화통일외교정책에 관한 대통령특별성명"(1973. 6. 23). 그런데 이러한 단서에도 불구하고 1970년대 초반 한국 정부의 대북·통일정책과 대북관은 매우 유동적이었다. 박정희 대통령은 1971년 대통령 선거 유세 연설(1971. 4. 10)에서 '합법적 정부로서의 북한', '두 개의 한국', '국가안보의 4대국 보장' 등에 대해 명시적으로 비판하고 있다. 박정희, "4·27 대통령 선거 대전 유세 연설"(1971. 4. 10). 그러나 1973년 6월 특별성명에서의 유엔 동시 가입 제안, 1974년 1월 연두 기자회견과 1974년 8월 광복절 경축사에서의 상호 불가침협정 제안 등이 나타난다. 아래에서 다시 언급하겠지만, 1970년대 초는 국제정세의 변화에 따라 남북한 정부 차원에서 통일방안을 둘러싼 새로운 방향 모색이 일어나고 있던 시기였다. 대통령기록관 대통령기록연구실 (http://www.pa.go.kr/research/contents/speech/index.jsp, 검색일: 2016. 3. 15). 김일성, "민족의 분렬을 방지하고 조국을 통일하자ー체스꼬슬로벤스꼬사회주의공화국 당및정부 대표단을 환영하는 평양시군중대회에서 한 연설 1973년 6월 23일," 『김일성 저작집 28』 (평양: 조선로동당출판사, 1984), p.391.

[31] 남북한은 7.4남북공동성명 3항에서 '자주적 평화통일 촉진을 위한 교류'를 제시하고 있다. 박정희 대통령은 1974년 29주년 광복절 경축사(1974. 8. 15)에서 '평화통일 기본 원칙'으로 '평화 정착과 불가침 협정 체결', '대화와 교류·협력을 통한 문호 개방과 신뢰 회복', '남북한 자유 총선거 실시' 등을 제시하고 있다. 대통령기록관 대통령기록연구실 (http://www.pa.go.kr/research/contents/speech/index.jsp, 검색일: 2016. 3. 15).

책·합의 차원에서 볼 때, 1970년대 초부터 1990년대 초까지의 시기는 '두 국가 노선'과 '단일 국가 노선'이 절충되고 기능주의와 연방주의가 결합되는 시기이다. 이러한 절충과 결합을 통해 남북한은 비로소 상호 간에, 또 국제사회에서 통일을 지향하는 분단국가로서 정체성을 확인하게 된다.

북한은 남북대화가 단절되기 전인 1973년 3월 남북조절위원회 2차 회의의 기조발언에서 '남북한 사이에 평화협정을 체결'할 것을 제안한다. 북한의 논리에 따르면, 군사적 대치 상태와 군비 증강이 지속되면 오해와 불신이 쌓이므로, 병력·군비의 축소와 평화협정 체결을 통해 긴장 상태를 완화시키고 이해와 신임을 도모해야 한다. 이는 자연스럽게 남북관계의 획기적 개선과 평화 보장을 가져오고 평화적 통일의 조건을 조성할 뿐만 아니라, 군사비 부담을 줄이고 민족경제 발전과 인민생활 향상을 가져올 것이다.[32] 이러한 북한의 제안은 7.4남북공동성명에서 제시된 통일원칙들(1항)과 긴장 완화와 신뢰 조성을 위한 실천 사항(2항)의 연속선상에 있다. 그런데 우리는 여기에서 북한이 '남북 사이에 평화협정을 체결'하고 그것의 실천을 '내외에 뚜렷이 선포해야' 한다고 주장한 점에 주목할 필요가 있다. 북한은 자신이 제안한 '평화협정'의 국제법적 성격에 대해 명확한 의미를 내어놓지 않았고 또한 일반적으로 협정은 정식협약보다 형식성이 낮다고 하더라도, 북한의 제안은 남북한의 국제법적 실체와 관련하여 7.4남북공동성명보다 한 걸음 더 나아갔다. 한편, 1973년 하반기부터 남북대화가 단절된 가운

---

32) 심지연, 앞의 책, pp.327~331. 남북한 평화협정에 관한 제의는 1962년 10월 23일 김일성의 최고인민회의 3기 1차 회의 연설, 1972년 1월 10일 김일성의 일본 기자들에 대한 답변, 6월 21일 미국 기자와의 담화 등에서 이미 제시된 적이 있다. 심지연, 같은 책, pp.70~72.

데, 박정희 대통령은 1974년 연두 기자회견에서 북한의 평화협정과 연방제 제안을 비판·거부하면서, '무력 침략 절대 부정, 상호 내정 간섭 부정, 현행 휴전협정 준수' 등을 핵심 골자로 하는 "남북 간의 상호 불가침협정을 체결하자"고 제의한다.[33] '평화협정인가, 불가침협정인가'라는 제안의 근저에는 상대방에 대한 국가적 실체 인정 문제가 깔려 있는 것이며, 두 제안은 형식을 달리 하더라도 남북한이 서로를 국가적 실체로 인정하고 있음을 더욱 분명하게 드러내 보여준다.

평화협정/불가침협정을 놓고 나타난 남북한의 입장 차이가 해소되지 않은 상태에서, 북한은 1974년 3월 '미국과의 직접 평화협정 체결'을 제안한다.[34] 북·미 평화협정이 제기되는 이유로서, '북한과 미국이 정전협정의 체약 쌍방이며 실제상의 당사자다'는 사실, '미국이 남한에 군사를 주둔시키면서 군사통수권을 가지고 있다'는 사실(북한의 표현에 따르면, 남한의 능력 부재), '남한이 자주적 원칙을 비롯한 7.4남북 공동성명의 원칙에 충실하지 않고 있다'는 사실(북한의 표현에 따르면, 남한의 의사 부재) 등이 언급된다. 이런 의미에서, 북한과 미국의 평화협정은 "조선에서 긴장상태를 가시고 조선의 자주적 통일에 장애로 되

---

[33] 박정희, "1974년 연두 기자회견"(1974. 1. 18). 기자회견에서 한국 정부의 통일에 대한 기능주의적 접근이 조금 더 구체적으로 제시된다. "우리는 불가침협정을 맺어놓고 앞으로는 통일이 될 때까지 평화공존을 해 나가자, 그동안에 서로 대화도 활발히 하고 교류도 하고 협력도 하여 통일의 기반을 하나하나 다져 나가자는 것입니다. 이것은 작년 여름에 우리 정부에서 발표한 「6.23 선언」의 정신과도 일치되는 것입니다." 대통령기록관 대통령기록연구실 (http://www.pa.go.kr/research/contents/speech/index.jsp, 검색일: 2016. 3. 15);『중앙일보』, 1974. 1. 18, "남북한 불가침협정 제의 — 박대통령 년두회견" (http://pdf.joins.com/article/pdf_article_prv.asp?id=DY01197401180081) 참조.

[34] 조선민주주의인민공화국 최고인민회의, "미합중국 국회에 보내는 편지 — 1974년 3월 25일 최고인민회의 채택," 국토통일원,『북한최고인민회의자료집 (제3집: 4기1차회의~5기7차회의)』, pp.857~859.

는 외부적 요인들을 제거하며 조선사람끼리 통일문제를 자주적으로 해결할 수 있는 전제를 마련하"는 일이다.35) 1974년 초 남북한이 각각 독재체제를 강화하고 상호 대립을 심화해 가고 있는 상황에서, 북한 지도부는 정치적 현실주의의 논리에 따라 한반도문제를 긴장 완화 또는 평화라는 '북한과 미국 사이의 군사문제'와 통일이라는 '우리 민족 내부문제'로 분할하고, 남한과 미국에 대해 양면전략을 펴고 있는 것이다.36)

북한의 민족문제/군사문제, 또는 통일문제/평화문제의 분리 전략은 남한과 미국에게 새로운 대응을 요구하였다. 남한과 미국은 1979년 7월 공식적으로 북한에 3자회담을 제안한다. 양국은 남북대화 촉진과 긴장완화의 방안으로 "남·북한 및 미국의 고위당국대표회의 개최"를 제의하면서, 특히 "평화적 통일을 성취할 수 있는 어떠한 조치도 남·북한의 책임 있는 당국 간 대화를 통해서만 이루어질 수 있다"고 강조한다. 또한 미국은 한반도에서의 남북한 교차승인도 받아들이겠다고 밝힌다.37) 한반도 평화와 군사 문제와 관련한 회담의 주체와 형식을 둘러싼 남북한의 입장 차이는 몇 년이 지난 1984년 1월 북한이 3자회

---

35) 허담, "조선에서 긴장상태를 가시며 조국의 자주적 평화통일을 촉진시키기 위한 전제를 마련할데 대하여 – 최고인민회의 5기 3차 보고," 1974년 3월 20일; 심지연, 앞의 책, pp.341~352. 인용문은 심지연, p.349. 북한의 논리에 따르면, '조선 정전협정을 남북 사이의 평화협정으로 바꾸는 것'(p.344)을 제안하는 행위는, '주한 미군의 철수'라는 조건을 달고 있지만, 정전협정에 서명을 하지 않은 대한민국을 한반도평화의 법적 실체로, 실질적 당사자로 인정하겠다는 의미를 지닌다.

36) 심지연, 앞의 책, p.352 참조. 심지연(p.69)은 북한이 제기한 민족문제/군사문제 분리에 따른 귀결을 '한반도문제의 이중성'이라고 표현한다. "한반도문제는 자주화와 국제화라는 두 개의 논의 구조 속에서 해결을 모색하지 않으면 안 되는 이중성을 지니게 되었고, 이 과정에서 미국이 주요 변수로 등장했다."

37) 박정희 대통령과 카터 대통령의 방한 공동성명(1979. 7. 1); 심지연, 앞의 책, pp.355~356.

담을 수용함으로써 기본 방향에서는 일단 합의가 이루어진다. 북한이 제안한 3자회담의 기본 구상에 따르면, 3자회담의 틀 안에서 북한과 미국은 평화협정을 체결하고, 남북한은 불가침선언을 채택한다. 이처럼 통일의 전제조건이 마련되면, 당연히 남북한이 통일문제를 논의한다.38) 이후에도 이러한 한반도 평화와 군사 문제에서 주체 또는 당사자가 누구이며 형식이 무엇인가(2자회담, 3자회담, 4자회담, 6자회담 등)를 둘러싸고 입장 차이가 발생하지만, 근본적 이견은 해결되었다.39)

한편, 통일문제/평화문제 분리와 북·미 양자회담은 북한의 통일방안에 논리적 곤란을 제기한다. 북한은 1980년 10월 "북과 남이 련합하여 하나의 련방국가를 형성하는 것"을 "가장 현실적이며 합리적인 방도"라고 제안한다. 북한이 제안한 '고려민주련방공화국 창립 방안'에 따르면, '련방국가의 통일정부'는 '정치문제와 조국방위문제, 대외관계문제'를 토의·결정하고 '나라와 민족의 통일적발전을 위한 사업'을 추진한다.40) 한반도 평화와 군사 문제를 북·미 직접 협상에서 다루어서 북·미 평화협정이라는 전제조건을 마련한 뒤에 평화적 통일의 실천

---

38) 조선민주주의인민공화국 중앙인민위원회, 최고인민회의 상설회의 연합회의, "미합중국 정부와 국회에 보내는 편지─1984년 1월 10일," 심지연, 앞의 책, pp.377~381.

39) 1990년대 초부터 발생한 북한 핵무기 문제가 한반도 평화와 군사 문제인지, 아니면 북·미 평화와 핵무기비확산체제의 문제인지, 아니면 두 문제 모두인지에 관한 이견은 여전히 해소되지 않고 있다. 이 문제와 관련해서는 별도의 논의가 필요하겠지만, 남북한이 참여하는 6자회담이 북한 핵문제 해결을 위한 국제적 논의의 장임은 부정할 수 없다.

40) 김일성, "조선로동당 제6차대회에서 한 개회사 1980년 10월 10일," 『김일성 저작집 35』 (평양: 조선로동당출판사, 1987), pp.346~347. 고려민주연방공화국의 10대 시정방침 중 일곱 번째는 남북한의 군사적 대치 해소, 민족연합군의 형성, 민족 보위 등이다. (pp.352~353) 북한의 연방제 통일방안에 관한 간결한 해설로는 박순성·최진욱, 『통일논의의 변천과정 1945~1993』(서울: 민족통일연구원, 1993), pp.90~99, 128~131 참조.

을 추진하자고 주장한 상태에서, 정치·외교·군사와 관련한 권한을 갖는 연방공화국을 창설해서 남북한의 군사적 대치를 해소하자고 하는 제안은 논리적으로 설득력이 떨어질 수밖에 없다. 1984년 1월의 3자회담 수용, 1991년 1월 소위 '낮은 단계 연방제' 제안 등을 통해 북한은 평화와 통일에 대한 입장을 정합적으로 만든다.[41]

한반도 평화와 통일에 대한 북한의 입장이 변화하고 있는 동안, 남한도 자신의 정책과 담론을 발전시켜 나간다. 남한 정부의 통일정책·방안 발전과정에서 결정적 단계는 노태우 정부 시기이다. 노태우 대통령은 1988년 7.7선언에서 남북한이 '민족공동체'라는 의식을 남북관계에서 또 대외적으로 가지면서 상호인정과 교류·협력을 할 것을 주장한다. 이러한 제안에 바탕을 두고, 남한 정부는 1989년 9월 한민족공동체통일방안을 제시한다. 제안의 핵심은 분단에서 통일로 가는 과정에 단계를 설정하는 것이다. 첫 단계는 체제 차이에 대한 현실적 인식에 바탕을 둔 상호인정과 공존공영의 단계이고, 다음 단계는 통일 촉진을 위해 남북연합 기구를 설치·운영하는 단계이며, 마지막 단계는 이러한 과도적 통일체제를 지나 완전한 통일국가에 이르는 단계이다.[42] 남한은 민족공동체 개념에 기초하여 두 개의 분단국가에서 하나의 통일국가로 가는 경로를 제시한 것이다.

1970년대 초반 시작된 '두 개 국가' 노선과 '하나의 국가' 노선의 충

---

[41] "그러나 우리는 고려민주련방공화국창립방안에 대한 민족적합의를 보다 쉽게 이루기 위하여 잠정적으로는 련방공화국의 지역자치정부에 더 많은 권한을 부여하며 장차로는 중앙정부의 기능을 더욱더 높여나가는 방향에서 련방제통일을 점차적으로 완성하는 문제도 협의할 용의가 있습니다." 김일성, "신년사 1991년 1월 1일,"『김일성 저작집 43』(평양: 조선로동당출판사, 1996), p.13.

[42] 노태우, "제147회 정기대회 본회의, 민족통일과 관련한 특별연설 1989년 9월 11일," 대통령기록관 (http://www.pa.go.kr/research/contents/speech/index.jsp, 검색일: 2016. 3. 15).

돌, 기능주의적 접근과 연방주의적 접근의 대립은 1990년대 초에 이르면 거의 해소되기에 이른다.[43] 1991년 9월 유엔에 동시 가입을 한 남북한은 1990년 9월부터 본격적으로 시작된 남북고위급회담 본회담을 통해 1991년 12월에는 남북기본합의서를, 1992년 1월에는 한반도비핵화공동선언을 발표한다. 그리고 1992년에는 남북한 합의의 실천을 위한 여러 위원회와 기구들에 관한 합의를 만들어낸다(남북고위급회담 본회담과 본회담 테두리 내 남북정치분과위원회, 남북군사분과위원회, 남북교류·협력분과위원회 구성; 남북연락사무소 설치·운영; 남북핵통제공동위원회, 남북교류·협력공동위원회, 남북군사공동위원회, 남북화해공동위원회 구성·운영). 1990년대 초반은 남북한이 남북관계와 관련한 정책, 담론, 합의에서 풍성한 수확을 거둔 시기이다.[44]

무엇보다도 남북한 사이의 화해, 불가침, 교류·협력 등 세 영역 전반에 걸친 체계적 합의를 담고 있는 남북기본합의서는 7.4남북공동성명의 조국통일 3대원칙(자주·평화·민족대단결)을 재확인한 뒤에, 남북한 사이의 관계가 "나라와 나라 사이의 관계가 아닌 통일을 지향하는 과정에서 잠정적으로 형성되는 특수관계라는 것을 인정하고, 평화통일을 성취하기 위한 공동의 노력을 경주할 것을 다짐하"고 있다.[45]

---

[43] 이 글이 크게 빚지고 있는 심지연의 연구는 1980년대 중반부터 2000년에 이르는 시기를 '자주화로의 공명' 시기로 규정한다. "여기서 등장한 것이 탈냉전이라는 세계적 조류에 부응해 남과 북이 무력을 행사하지 않고 함께 번영을 누리자는 평화공존론이었다. 이 과정에서 느슨한 연방제와 3단계 통일론이 제의되었고, 평화체제를 구축하는 문제도 제기되었다. 그리고 논란이 종식되지는 않았지만 연합제와 연방제에 공통성이 있음을 인정하는 데까지 이르러, 민족의 자주적인 노력에 의해 통일을 이루어야 한다는 점에 남북이 공명하는 현상이 나타났다." 심지연, 앞의 책, p.83.

[44] 두 합의문의 공식 명칭은 "남북 사이의 화해와 불가침 및 교류·협력에 관한 합의서"(1991. 12. 13), "한반도의 비핵화에 관한 공동선언"(1992. 1. 20)이다. 남북회담본부 홈페이지 (http://dialogue.unikorea.go.kr) 참조.

[45] 남북회담본부 홈페이지 (http://dialogue.unikorea.go.kr/ukd/ca/usrtalkmanage/View.do,

1970년대와 1980년대에 걸쳐 쟁점이 되었던 평화협정/불가침협정 문제는 남북기본합의서 2장에서 다루어지고(무력 사용과 무력 침략 금지, 9조), 한반도 평화문제와 관련한 남북한의 행동 원칙이 합의된다(의견대립과 분쟁문제들의 대화·협상을 통한 평화적 해결, 10조). 남북 사이의 경계선과 구역과 관련한 정전협정 존중(11조), 남북군사공동위원회 설치(12조), 남북한 군사당국자 사이의 직통 전화 설치·운영(13조) 등에 합의함으로써, 이제 남북한은 한반도 평화문제와 관련하여 실질적 당사자이자 한반도 평화 구축·유지의 자주적 주체가 된다. 또한 남북한 합의 실천과 관련된 위원회와 기구 들은 기능주의와 연방주의, 연합제와 낮은 단계 연방제를 결합하고, 평화와 평화통일을 성취하기 위한 남북한의 공동 노력(민족대단결)을 현실화하는 낮은 수준의 신기능주의적 제도가 된다. 실제로, 남북한은 2000년 6월 남북정상회담에서 "남측의 연합제 안과 북측의 낮은 단계의 연방제 안이 서로 공통성이 있다고 인정하고 앞으로 이 방향에서 통일을 지향시켜 나가기로" 합의한다(〈6.15공동선언〉 2항).[46] '통일 지향의 특수관계를 형성하고 있는 두 분단국가'는 남북한이 오랜 대결과 갈등, 대화와 합의를 거쳐 마침내 1990년대 초에 찾아낸, 한반도와 한민족의 미래를 위해 서로에게서 발견하고 또 서로를 위해 스스로 만들어가야 할 자신들의 모습이었다.[47]

검색일: 2016. 3. 15).

[46] 6.15공동선언 1항에서 남북한은 "나라의 통일문제를 그 주인인 우리 민족끼리 서로 힘을 합쳐 자주적으로 해결해 나가기로" 합의하였다. 북한은 2000년대 들어서 '우리 민족끼리', '우리끼리', '민족 공조', '우리민족제일주의' 등을 강조한다. 정영철, 앞의 글, p.79. '우리 민족끼리'라는 용어가 담고 있는 '폐쇄적 경향' 때문에 '우리 민족끼리'와 '자주' 사이에 존재하는 차이, 그리고 '우리 민족끼리'와 '민족대단결' 사이에 존재하는 미묘한 차이에 주목하지 않는다면, '우리 민족끼리' 원칙, 심지어 자주의 원칙과 민족대단결의 원칙조차도 한반도문제 해결의 장애가 될 수 있다.

V. 통일 지향의 특수관계를 넘어서 한반도 평화·통일로

분단 70년이 지난 시점에서 되돌아보면, 70년에 걸친 두 분단국가의 관계는 실패한 통일의 역사이자 실패한 분단의 역사이다. 대한민국과 조선민주주의인민공화국은 분단의 질곡에서 벗어나지 못한 채 통일을 바라보고 있으면서도, 완성된 두 국가 사이의 평화로운 공존조차도 확립하지 못하고 있다. '통일 지향의 특수관계'로 표현되는 남북관계는 (민족의 입장에서 보면) '미완의 통일'이자 (한반도 분단을 추구했던 강대국들과 민족 내 분열세력들의 입장에서 보면) '미완의 분단'으로서, 여전히 한반도가 통일(한 국가 만들기)과 분단(두 국가 만들기) 사이에 놓여 있음을 보여준다. 과연 우리는 어떻게 분단에서 통일로, '통일 지향의 특수관계'에서 한반도 평화·통일로 나아갈 수 있는가?

해방 직후부터 한국전쟁에 이르기까지 한반도 남북한의 지배집단은 '강한 국가주의'와 '강한 민족주의'에 사로잡혀, 자주통일론을 내세웠다. 민족 내에서 자기 세력을 제외한 세력을 배제하는 '강한 민족주의'는 양분된 한반도 남북에서 각각 국가를 수립하고 권력을 잡은 뒤 다른 쪽에 있는 정치적 실체로서의 국가를 부정하는 '강한 국가주의'와 결합됨으로써, 자주와 통일이 전쟁과 결합하도록 만들었다. 이러한 남북한의 배타적 통일담론과 통일정책은 1970년대 초에 이르러 남북한이 자주, 평화, 민족대단결을 통일의 원칙으로 합의함에 따라 서서히

---

47) 남북기본합의서가 남북관계의 미래를 보여주고 있다고 하더라도, 현실에서 그러한 합의가 제대로 실현되기 위해서는 실천의 의지 못지않게 환경을 필요로 한다. 남북기본합의서 체제의 좌초에 대해, 구갑우·박건영은 북한 핵문제 발생과 미국의 영향력, 남북한 신뢰의 미성숙, 남북한의 국내정치 문제 등을 들고 있다. 이런 점에서 정치적 현실주의가 여전히 작동하고 있는 것이다. 구갑우·박건영, "자유주의 입장에서 본 남북관계," pp.6~7.

평화공존과 평화통일의 담론·정책에 자리를 내어주기 시작하였다. 하지만 남북한 사이에는 1970년대와 1980년대에 걸쳐서 한반도문제의 핵심이라고 할 평화문제(군사문제)와 통일문제(민족문제)를 둘러싸고, 또한 평화·통일의 실천 방안과 주체를 놓고, 대립과 갈등이 존재했다. 실제로 남북한이 자주, 평화, 통일을 한반도문제를 극복하는 원칙이자 목적, 수단으로 수용하기에 이르는 것은 1990년대 초반이다.

1990년대 초반 남북한은 남북관계가 '통일 지향의 특수관계'라는 점에 합의함으로써, 한반도문제를 구성하는 핵심적인 세 개념인 자주, 평화, 통일을 담론·정책·합의의 차원에서 체계적·정합적으로 결합하는 데에 성공하였다. 이러한 성공의 결과들은, 남북한이 분단에서 통일로 나아가는 과정에서 부딪치게 되는 여러 문제들과 관련하여 정치적 현실주의가 남북한 정부에 강요하는 선택들을 견제하고, 또한 평화와 평화통일을 향해 남북한 정부가 제대로 나아가도록 견인할 것이다. 남북한이 무력 충돌과 대결 속에서도 대화·접촉·소통을 통해 만들어낸 자주-평화-통일의 담론·정책·합의는 남북관계와 관련한 실천에서 정치적 현실주의에 대항하는 '비판의 무기'이다.

2000년 6월과 2007년 10월 남북정상회담이 두 차례 개최되고 남북관계의 다방면·다분야에서 진전이 있었음에도 불구하고, 2008년 이후 남북관계는 과거로 후퇴하고 있다. 남북관계 현실에서 나타나고 있는 이러한 후퇴는 남북한이 1990년대 초반에 최종적으로 합의한 자주-평화-통일이라는 삼위일체를 다시 해체할 수도 있는 결과를 낳을 논쟁과 충돌을 남한 사회 내에서, 남북한 간에 불러일으키고 있다. 한미동맹인가 민족공조인가, 혹은 국제협력인가 자주인가? 통일대비인가 분단관리인가, 혹은 흡수통일인가 '교류·협력(을 통한 통일)'인가? 국가담론인가 민족담론인가, 혹은 국가안보인가 민족공존인가? 안보우선인가 대화우선인가, 혹은 연계 – 압박인가 분리 – 병행인가? 남북관계 현실의 후퇴가 담론·정책의 후퇴를 가져오는 상태에서, 우리는 다시 평화·통일과 관련한 담론·정책·합의의 쟁점과 합의 과정을 생각하지 않을 수 없다.[48]

　이제 두 가지 문제의식 또는 연구주제를 제시하면서 글을 마무리하려고 한다. 먼저, 지금까지 많이 제시되어 왔던 한반도 평화·통일 문제와 관련한 대립적 틀을 벗어날 필요가 있다. 자주화와 국제화의 대립, 또는 민족공조와 국제공조의 대립은 탈자주화와 탈국제화의 결합이라는 관점에서 재검토되어야 할 것 같다. 국가와 민족의 대립, 또는 국가담론과 민족담론의 대립도 실제로는 허구일 가능성이 높다. 강한 국가(주의)와 강한 민족(주의)의 결합을 극복할 수 있는 탈국가주의와 탈민족주의의 결합이 요구된다. 문제는, 여전히 근대국민국가의 틀이 강력하게 유지되고 있는 국제정치의 현실에서, 통일된 민족국가의 수립을 추구하면서도 국가와 민족의 담론에 갇히지 않는 노력이 이론적으로나 실천적으로나 결코 쉽지 않다는 점이다. 이런 점에서 분단체제론과 평화국가론이 제시하는, 구조적 폭력이 작동하는 분단체제를 극복할 수 있는 대안에 주목할 필요가 있다. 통일대박론과 통일미래론이 제시된 이후 통일대비와 분단관리의 대립도 주목을 받고 있다. 과연 통일이 무엇을 의미하는지, 통일국가의 형태가 얼마나 다양한지 등은 더 연구될 필요가 있다. 분단과 통일이 경험적으로는 분명 대립되는

---

48) 이와 관련하여 박순성, "통일 논쟁과 탈 – 통일론," 참여연대 엮음, 『반성된 미래: 무한 경쟁 시대 이후의 한국 사회』 (서울: 후마니타스, 2014); 구갑우, "남북한 관계의 이론들: 분류와 비판," 경남대학교 북한대학원 엮음, 『남북한 관계론』 (파주: 한울, 2005); 박순성 편저, 『통일 논쟁: 12가지 쟁점, 새로운 모색』 (파주: 한울, 2015). 특히 그중에서도 최완규, "통일담론의 두 가지 패러다임: 국가담론인가 민족담론인가?"와 김학성, "통일 대비와 분단 관리를 넘어서: 통일방안을 다시 생각하다" 참조.

개념이지만, 정치적 상상력을 발휘하면, 탈−분단이 결코 통일이 아닐 수 있고, 탈−통일이 진정한 분단 극복일 수도 있다. 분단과 통일의 이분법을 벗어나서, 탈−분단과 탈−통일의 결합을 상상하는 사고실험도 남북관계의 새로운 전망을 모색하기 위해 필요할 것이다.

다음으로, 이 글의 출발점이 되었던 남북관계에 대한 현실주의적 접근과 비판적 접근으로 되돌아가 보자. 평화에 대한 설명과 전쟁에 대한 설명 각각에 대해, 또 대화·협력에 대한 설명과 갈등·충돌에 대한 설명 각각에 대해 현실주의가 갖는 논리적 설득력은 차이가 난다는 점을 고려하더라도, 한국전쟁 이후부터 1970년대 초반, 그리고 1990년대 초반에 이르는 기간 동안의 남북관계를, 특히 담론·정책·합의의 변화를 현실주의적 관점에서 설명하기란 쉽지 않다. 물론 최근 몇 년 동안 일어나고 있는 남북관계의 악화는 현실주의에게 유리한 증거가 되는 경험일 수 있다. 그렇지만 한반도문제의 해결이, 평화와 통일의 실현이 주요한 실천적 과제이자 사회과학적 도전이라고 한다면, 정치적 현실주의를 넘어서는 이론적 노력과 정치적 실천이 필요하다. 거칠게나마 약간의 논의를 덧붙이자. 현실주의적 접근을 하는 두 행위자가 부딪칠 때, 어떤 경우에는 무력 충돌이 일어나고 어떤 경우에는 평화적 해결이 나타나는가? 환경이 변화할 때, 능동적이고 합리적인 현실주의적 행위자의 행동이 어떤 경우에는 갈등적이 되고, 어떤 경우에는 평화적이 되는가? 환경이 전적으로 행위자 바깥에서 주어지는 경우라고 하더라도 현실주의적 행위자의 행동을 예측하기란 쉽지 않다. 환경에 대한 능동적·합리적 해석이 능동적·합리적 행동을 만들어낸다. 더욱이 환경은 종종 행위자들의 행동들이 만들어내는 결과이기도 하다. 행동은 환경에 대한 현실적 이해에 의해 규정되기도 하지만, 가치와 규범 판단에 의해 결정되기도 한다. 두 행위자들 사이에 군사적 충돌이 일어나기 직전이라고 하더라도 끈질긴 대화, 접촉, 소통은 평화적 해결이나 타협을 가져온다. 현실주의적 행동은 현실주의적 결과를 가져올 가능성이 높고, 비-현실주의적 행동은 비-현실주의적 결과를 가져올 가능성이 높다. 때로는 결과가 행동과 환경을 설명하는 출발점이 되기도 한다. 결국 현실과 이론의 이분법, 사실 판단과 규범 판단의 이분법은 성립될 수 없다. 이론과 규범 판단의 결합체로서 담론은 현실을 반영하고, 또 현실은 담론을 반영한다.[49]

2016년 봄, 한반도와 한민족이 직면한 평화와 통일의 위기 앞에서, 위기를 극복하고 평화·통일의 새로운 가능성을 만들어낼 실천이 필요하다. 현실을 파악하고 이해하는 데에서는 현실적이지만, 행동의 범위와 지향에서는 결코 '현실주의'에 갇히지 않고 모순의 극복과 이상의 추구라는 '비판적 실천'을 모색해야 할 때이다. 현실주의적 접근과 비판적 접근은 모두 현실에 바탕을 두고 각각의 현실을 만들어가고 있지만, 바라보고 나아가는 방향이 다르다. 현실은 두 접근이 만나는 공간이자 또한 두 접근의 만남이 만들어내는 공간이다. 과연 우리는 어디에서 어디를 보고 있는가?

---

[49] 미어셰이머는 "담론이 변화하면 국가의 행위도 변화한다"는 비판이론의 주장에 대해 상당히 설득력이 있는 비판을 제시한다. 미어셰이머, 앞의 글, pp.493~497. 그러한 비판에도 불구하고, 여전히 비판이론의 기본 명제는 중요하다. 현실주의가 지배하는 세계정치는 현실주의의 증거를 제공할 뿐이다. 우리 모두가 잘 알고 있듯이, 세상을 바꾸는 일보다 생각을 바꾸는 일이 더 어렵고, 새로운 관념을 얻는 일보다 낡은 관념으로부터 벗어나는 일이 더 어렵다.

강만길, 김윤수, 이영희, 임영택, 백낙청. "좌담회: 분단시대의 민족문화." 『창작과비평』 제12권 제3호, (1977년 9월).

구갑우. "남북한 관계의 이론들: 분류와 비판." 경남대학교 북한대학원 엮음, 『남북한 관계론』 (파주: 한울, 2005).

_____. "지구화 시대의 국제정치 비판." 『국제관계학 비판 – 국제관계의 민주화와 평화』 (서울: 후마니타스, 2008).

구갑우, 박건영. "자유주의 입장에서 본 남북관계." 2000년도 한국정치학회 추계학술회의 발표문, (2000).

김일성. "조선민주주의인민공화국 정부의 정강 – 조선민주주의인민공화국 최고인민회의 제1차 회의에서 발표한 정강 1948년 9월 10일." 『김일성 저작집 4』 (평양: 조선로동당출판사, 1979).

_____. "국토의 완정과 조국의 통일을 위하여 궐기하자 – 1949년을 맞이하여 전국인민들에게 보낸 신년사 1949년 1월 1일." 『김일성 저작집 5』 (평양: 조선로동당출판사, 1980).

_____. "조선민주주의인민공화국창립 1주년 – 조선민주주의인민공화국 최고인민화의 제4차회의에서 한 보고 1949년 9월 9일." 『김일성 저작집 5』 (평양: 조선로동당출판사, 1980).

_____. "맑스 – 레닌주의와 프로레타리아 국제주의 원칙에 더욱 충직하자 – 1949년 12월 15일 조선로동당 제2차 전원회의 보고." 심지연, 『남북한 통일방안의 전개와 수렴: 1948~2001 – 자주화 · 국제화의 관점에서 본 통일방안 연구와 자료』 (서울: 돌베개, 2001).

_____. "1950년을 맞이하여 공화국 전체 인민들에게 보낸 신년사 1950년 1월 1일." 『김일성 저작집 5』 (평양: 조선로동당출판사, 1980).

_____. "통일적민주주의독립국가건설을 위한 조선인민의 투쟁 1950년 5월." 『김

일성 저작집 5』(평양: 조선로동당출판사, 1980).

_____. "우리 나라에 조성된 긴박한 정세와 내무기관들의 당면과업 - 각 도내무 부장들앞에서 한 연설 1950년 6월 22일."『김일성 저작집 5』(평양: 조선 로동당출판사, 1980).

_____. "조국해방전쟁의 승리를 위한 각 정당들의 과업: 조선로동당, 북조선천 도교 청우당 도위원회 위원장련석회의에서 한 연설 1950년 6월 27일." 『김일성 저작집 6』(평양: 조선로동당출판사, 1980).

_____. "정전협정체결에 즈음하여 - 전체 조선인민에게 한 방송연설 1953년 7월 28일."『김일성 저작집 7』(평양: 조선로동당출판사, 1980).

_____. "민족의 분렬을 방지하고 조국을 통일하자 - 체스꼬슬로벤스꼬사회주의 공화국 당 및 정부 대표단을 환영하는 평양시군중대회에서 한 연설 1973년 6월 23일."『김일성 저작집 28』(평양: 조선로동당출판사, 1984).

_____. "조선로동당 제6차대회에서 한 개회사 1980년 10월 10일."『김일성 저작 집 35』(평양: 조선로동당출판사, 1987).

_____. "신년사 1991년 1월 1일."『김일성 저작집 43』(평양: 조선로동당출판사, 1996).

김학성. "통일 대비와 분단 관리를 넘어서: 통일방안을 다시 생각하다." 박순성 편저,『통일 논쟁: 12가지 쟁점, 새로운 모색』(파주: 한울, 2015).

박명림.『한국전쟁의 발발과 기원⑪: 기원과 원인』(서울: 나남, 1996).

박순성. "통일 논쟁과 탈 - 통일론." 참여연대 엮음,『반성된 미래: 무한 경쟁 시 대 이후의 한국 사회』(서울: 후마니타스, 2014).

박순성 편저.『통일 논쟁: 12가지 쟁점, 새로운 모색』(파주: 한울, 2015).

박순성, 최진욱.『통일논의의 변천과정 1945~1993』(서울: 민족통일연구원, 1993).

백범김구선생기념사업협회.『백범회보』제26호, (2010년 봄).

심지연.『남북한 통일방안의 전개와 수렴: 1948~2001 - 자주화 · 국제화의 관점에 서 본 통일방안 연구와 자료』(서울: 돌베개, 2001).

양준희. "현실주의 국제정치이론과 남북관계." 2000년도 한국정치학회 추계학술 회의 발표문, (2000).

정영철. "남북한 통일정책 역사와 비교: 체제 통일에서 공존의 통일로." 이화여자대학교 통일학연구원 편, 『남북관계사－갈등과 화해의 60년』(서울: 이화여자대학교출판부, 2009).

조선민주주의인민공화국 사회과학원 언어학연구소. 『조선말대사전』(평양: 사회과학출판사, 1992).

조선민주주의인민공화국 최고인민회의. "미합중국 국회에 보내는 편지－1974년 3월 25일 최고인민회의 채택." 국토통일원, 『북한최고인민회의자료집(제3집: 4기1차회의~5기7차회의)』.

존 미어셰이머. "국제적 제도의 그릇된 약속." 한스 모겐소 지음. 이호재·엄태암 옮김, 『국가 간의 정치－세계평화의 권력이론적 접근 2』(서울: 김영사, 2014) (원문: John J. Mearsheimer, "The False Promise of International Institutions." International Security 19-3, 1994/95).

최완규. "통일담론의 두 가지 패러다임: 국가담론인가 민족담론인가?" 박순성 편저, 『통일 논쟁: 12가지 쟁점, 새로운 모색』(파주: 한울, 2015).

한스 모겐소 지음. 이호재·엄태암 옮김. 『국가 간의 정치－세계평화의 권력이론적 접근 1』(서울: 김영사, 2014).

국사편찬위원회 한국사데이터베이스 홈페이지 내 자료대한민국사
    http://db.history.go.kr/item/level.do?itemId=dh

국사편찬위원회 한국사데이터베이스 홈페이지 내 『자유신문』
    http://db.history.go.kr/item/level.do?itemId=npfp

남북회담본부 홈페이지 내 남북합의서 & 연도별 회담현황
    http://dialogue.unikorea.go.kr

대통령기록관 대통령기록연구실 홈페이지 내 기록정보 ⇒ 연설기록
    http://www.pa.go.kr/research/contents/speech/index.jsp

『중앙일보』, 1974. 1. 18. "남북한 불가침협정 제의－박대통령 년두회견"
    (http://pdf.joins.com/article/pdf_article_prv.asp?id=DY01197401180081, 검색일: 2016. 2. 29).

한반도 통일의 조건과 가능성

-현실적 방안-

최 완 규

신한대학교 석좌교수 겸 탈분단경계문화연구원 원장

한반도 통일의 조건과 가능성
- 현실적 방안 -

Ⅰ. 문제의식

한반도의 분단은 해방공간에서 각각 냉전의 양대 축인 미국과 소련의 지원을 받으면서 '선 정부 수립, 후 통일' 노선을 채택한 정치세력이 집권함으로써 시작되었다. 이처럼 남북한에 두 개의 단독정부가 수립됨으로써 '선 통일 후 정부수립' 노선을 고수한 정치세력은 몰락했다.

정부수립 이후 북한이 먼저 이 노선의 실현을 위해 소련의 지원을 받아 무력통일을 시도했으나 미국의 개입으로 실패했다. 남한 역시 전쟁과정에서 미국의 지원을 받아 북진통일을 시도했으나 중국의 개입으로 실패했다. 이렇게 볼 때 한반도의 분단과 통일의 문제는 남북한간의 체제와 이념의 갈등과 대결의 문제인 동시에 강대국과 남북한이 연계된 민족의 문제이다.

이와 같은 사실은 한반도의 분단과 통일문제가 국제적 문제인 동시에 국내적 문제임을 단적으로 드러내 준다. 물론 통일 조건에 대한 논의는 어떤 시기에는 국내적 요인이 더 부각되고 또 다른 시기에는 국제적 성격이 더 부각되기도 했다. 그러나 지난 70여 년의 통일논의사를 살펴보면 어느 한 조건이 성숙되었더라도 다른 한 조건이 충족되지 않으면 통일논의는 진전되기 어려웠다.

1953년 휴전 이후 남북한의 정권담당자들은 정도의 차이는 있지만 모두 '통일'을 최대의 민족적 과업 내지 정치적 대의명분으로 내세우면서 체제의 정통성을 강화하고 대중을 동원하고 일체화시키는 정치 게임의 수단으로 활용해 왔다. 이러한 상황은 미소 냉전이 고조되고 휴전협정 체결 이후 한반도 문제의 국제적 성격이 강화됨으로써 한반도 통일의 자주적 해결가능성이 희박해짐에 따라 더욱 고조되었다.

이처럼 통일이라는 민족적 과업이 남북한 집권세력 간의 정치 게임으로 비화됨으로써 분단의 강고함보다는 통일이라는 비현실에 더 집착하게 되었다. 따라서 남북한 모두의 통일담론이나 정책 및 방안은 주어진 수단을 통한 현실적 대안보다는 국내정치를 위한 수사나 신화 만들기에 집착해 왔다. 그 결과 통일논의는 한 단계 한 단계 진전되기보다는 여전히 동어반복(tautology)을 계속하는 수준에 머물고 있다.

이 논문에서는 이와 같은 사실에 주목하면서 현실적 차원에서 실천이 가능한 대내외적 조건들을 찾아보고자 한다. 여기서 '현실적' 차원은 통일의 실천 주체들이 이념과 명분 또는 당위적 차원의 조건들보다 이미 주어진 수단들을 결합하고 운용하여 목표에 근접하는 것을 의미한다.

II. 통일의 대외적 환경

한반도의 독특한 지정학적 위치 때문에 대외적 변수(강대국)는 통일
논의에서 매우 주요하다. 역사적으로 국제관계를 움직이는 가장 중요
한 동력은 지리(geography)이다. 그런 의미에서 현재 한반도 통일의 가
장 중요한 대외변수는 미국과 중국이다. 큰 틀에서 일본은 미국과 러
시아는 중국과 입장을 같이 할 가능성이 크다. 따라서 대외적 조건은
주로 미국과 중국을 중심으로 분석할 것이다.

1. 한반도 통일에 대한 미국의 시각과 대응

한반도 통일에 대한 미국의 시각을 상징적으로 보여준 것은 클린턴
대통령과 조명록 총정치국장의 만남 이후 북미공동성명이 발표되고
북미 간 관계개선의 조짐을 보이자마자 나온 *New York Times*(2000년
10월 15일자)의 Howard W. French의 칼럼(The World; If Koreas United,
Will Asia Divide?)이다.

이 글은 제목이 말해 주듯 만약 분단된 한반도가 통일되면 중국 영
향권하의 통일한반도와 미국과 일본이 대한 해협을 두고 대치함으로
써 한반도의 작은 분단에서 아시아의 대 분단으로 이어질 수 있다는
점을 강조하고 있다.

동 칼럼에서 프렌치는 정상회담 이후 남북한이 화해협력하고 궁극
적으로 통일을 성취하면 한반도는 중국의 영향을 그 만큼 더 받게 되
고 주한미군의 역할과 규모 그리고 주둔의 명분도 재조정될 수 있다고
우려하고 있다. 또한 중국과 일본이 직접 한반도를 놓고 직접 갈등하
거나 충돌할 위험성도 커질 수 있다고 파악하고 있다. 일본은 중국 영

향권에 편입되는 한반도의 통일가능성은 악몽일 수밖에 없는 것이다. 미국으로서도 이러한 사태는 도저히 용납하기 어려운 것이다.

이 칼럼은 미래의 사태 진전을 정확하게 파악하기는 어렵지만 이 지역 질서의 기둥은 미국임을 강조하면서 대처(Margaret Thatcher의 말 "당신의 새 집을 완성하기 전에는 옛집을 부숴버리지 마라"로 끝내고 있다.

이 글은 설사 남북한이 자주적으로 통일을 진전시키더라도 그것이 한반도에서 미국의 지위와 역할(주한미군)이 근본적으로 재조정됨으로써 그들의 국가이익을 침해할 위험성이 있다면 수용할 수 없음을 확실하게 보여 주고 있다. 또한 현상의 급격한 변화를 수반하는 통일보다는 두 개의 한국(Two Korea)을 전제로 한 남북한의 평화정착을 우선하고 있음을 알 수 있다.

이와 같은 미국의 입장은 William J. Perry 대북정책조정관이 1999년 10월 12일 상원 청문회에 제출한 대북정책 검토보고서(Review of United States Policy Toward North Korea: Findings and Recommendation)에서도 그대로 확인되고 있다. 동 보고서는 김정일 정권의 실체를 인정하면서 북한의 핵무기와 탄도 미사일 관련 활동을 전향적으로 해결하는 단기적 목표를 제시하고 있다. 장기적 목표로서는 한반도의 항구적 평화와 제네바회담에서 제기된 바 있는 미국과 북한과의 관계 개선을 모색하고 있다.

그러나 한반도의 통일에 대해서는 "한반도 통일과 관련하여서도 많은 제안들이 제기되었으나, 통일문제는 한국 국민들 스스로 결정해야 할 문제"(Many recommendations have also been made with respect to Korean unification; but ultimately, question of unification is something for the Korean people to decide)임을 추상 수준에서 강조하고 있을 뿐이다.

이에 반해 주한미군에 대해서는 "주한미군이 일부라도 철수되어서는 안 된다는 점을 강력히 권고"하면서 주한미군의 철수는 "평화와 안정에 기여하기보다는 현재의 강력한 억제체제를 손상시킬 것"임을 강조하고 있다. 이처럼 페리 보고서 역시 한반도의 통일보다는 두 개의 한국 정책을 토대로 미군이 주둔하는 남한과 미국과 적대관계를 청산한 북한을 상정하고 있다.

미국이 한반도의 통일보다는 항구적 평화체제를 더 선호하고 있지만 통일된 한반도가 미국의 배타적 영향권하에 들어 올 수 있다면 반대하지 않을 것이다. 미국이 선호하는 통일 한반도의 조건은 다음의 두 가지 조건이 충족되어야 한다.

"미국과 동맹관계를 유지하는 안정적 비핵국가이어야 하며 자유민주주의와 시장경제를 지향해야 한다. 안정적인 한반도는 한반도 전 지역에 대해서 법과 전체 사회구성원의 강력한 지지를 받는 정치적 시민적 지배가 관철되는 것을 의미 한다."[1]

"통일된 한반도에서 미국은 한국의 국방계획과 행동에 관해서 일정부분 영향력을 상실할 수도 있다. 그러나 가장 중요한 국방 파트너로서 미국은 한국의 국방구조와 목표에 대해 한국의 군부와 민간지도자들과 긴밀하게 협조해야만 한다. 통일 이후에는 유엔군 사령부는 존재이유를 상실하거나 해체될 지도 모른다. 연합사령부는 이 지역에서의 미국과 한국의 군사행동을 위한 협력을 재조정되어야한다."[2]

---

[1] CSIS, *A Blueprint for U.S. policy toward a unified Korea: A working group report of the csis international security program* (Washington, D.C. CSIS, 2002), p.128.
[2] Ibid., p.21.

요컨대 미국은 통일 한반도는 자유민주주의와 시장경제가 관철되는 국가이어야 함을 분명하게 밝히고 있다. 또한 미국의 정치적 군사적 영향권하에 있어야 함을 강조하고 있다.

결국 미국은 동북아지역의 세력균형과 안정을 위해서 통일 한반도가 미국과의 지속적인 동맹관계를 유지하고 미군의 주둔을 수용할 것으로 보고 있고 또 그렇게 되어야 함을 분명하게 밝히고 있다.[3]

2. 한반도 통일에 대한 중국의 시각과 대응

중국은 한반도의 통일문제에 대해서 아주 일관된 입장을 견지해 오고 있다. 1961년 7월 11일 베이징에서 체결된 북한과 중국 간의 우호, 협조 및 호상 원조에 관한 조약 6조에는 "체약 쌍방은 조선의 통일이 반드시 평화적이며 민주주의적인 기초 위에서 실현되어야 하며 그리고 이와 같은 해결이 곧 조선 인민의 민족적 이익과 극동에서의 평화 유지에 부합된다"[4]고 천명하고 있다.

또한 중국 정부는 1992년 한중수교 당시 "중화인민공화국 정부는 한반도가 조기에 평화적으로 통일되는 것이 한민족의 염원임을 존중하고 한반도가 한민족에 의해 평화적으로 통일되는 것을 지지 한다"[5]고 천명하였다.

이후 중국의 최고 지도자들은 시종일관 한반도의 자주적이고 평화적인 통일을 지지한다고 강조해 오고 있다. 시진핑 주석도 박근혜 대

---

[3] Michael H. Chang, U.S. Policy toward the Korean Peninsular Unification: A Cross-Cultural Perspective (Carlisle Barracks, Pennsylvania: U.S. Army War College, 2009), pp.18~19.

[4] 『조선중앙년감』, 1962년판, p.162.

[5] 왕린창, "한반도의 통일과 중미 대립을 어떻게 볼 것인가," 『통일, 6.15에서 길을 찾다』 6.15 남북정상회담 14주년 기념학술회의 논문집, (2014), p.11.

통령과의 회담 때마다 남과 북이 화해와 협력을 통해 자주적이며 평화적으로 통일을 실현하는 것을 지지한다고 반복해서 말하고 있다.[6]

여기서 중국이 말하는 '자주'적 통일은 통일의 주체가 남북한이며 어떠한 외세(특히 미국)도 한반도 통일문제에 개입하거나 영향을 미치지 말아야 한다는 것을 의미한다. '평화'적 방법이란 한마디로 어느 일방의 주도로 타방을 강제(전쟁 또는 인위적 체제 붕괴)로 병합하거나 흡수하는 통일을 배제하는 것이다. 남과 북이 화해 협력을 통해 공존하면서 서로 동의할 수 있는 범위 내의 통일을 의미한다.

중국정부와 지도자들의 이러한 일련의 발언의 핵심은 한반도가 통일되기 위한 가장 중요한 선결조건이 주한미군 철수 및 미국의 간섭 배제와 남북한 당사자들의 자주적으로 통일을 추구한다면 중국은 한반도의 통일을 지지하겠다는 것이다.[7]

2011년 중국의 한반도 문제 전문가들을 대상으로 한 설문조사에 의

---

[6] 이에 대한 구체적인 논의는 왕린창, "한반도의 통일과 중미 대립을 어떻게 볼 것인가," pp.9~23; Sunny Lee, "Chinese Perspective on North Korea and Korean Unification," KEI, Academic Paper Series, January 24, 2012; Jonathan D. Pollack, "China's Views on the Unification of the Korean Peninsula and US- China Relations, KRIS-Brookings Joint Conference on Security and Diplomatic Cooperation between ROK and US for the Unification of the Korean Peninsula," January 21, 2014; Kim Heung- Kyu, China's Position on Korean Unification and ROK-PRC Relations, KRIS-Bookings Joint Conference, January 21, 2014 참조.

[7] 鐵血 칼럼 2013년 7월 30일자, 중국은 한반도 통일을 묵인 하겠는가?에서 高峰(가오펑) 중국 군사괸찰원은 만약 한국이 한반도의 최종 통일을 주도하고 동북아 안전 프레임의 안정을 실현하고 싶다면 먼저 미군을 한반도에서 내보내어 국제 정치, 군사 안전 전략에서 완전히 자주 독립을 실현해야 한다고 보고 있다. 그렇지 않다면 미국의 대아시아 회귀전략 전제하의 중국 입장에서 보면 안전과 관련해서 미군이 주둔하고 있고 미국에 완전 복종하고 의존하는 한반도 국가와 이웃하는 것이 어떠한 긍정적 측면도 보이지 않는다. 이론상으로는 차라리 한반도가 현황을 유지하는 것이 더 나을 것이다. 중국이 한국 주도하의 한반도 통일을 지지하기 위해서는 한반도에서 미군의 완전한 철수가 이루어져야 한다고 강조하고 있다. 왕린칭, 앞의 글, p.13에서 재인용.

하면 중국 전문가들은 한반도의 통일(특히 남한 주도의 통일)에 대해 반신반의 하고 있음을 알 수 있다.[8] 남북한 통일을 지지 하는가?에 대한 설문에 지지한다는 17.39%, 지지하지 않는다는 28.26%, 확실하지 않다가 54.35%였다.

또한 만약 남한 주도의 한반도 통일이 실현될 경우의 통일한반도와 중국 간의 관계를 묻는 것에 대해서 통일한반도가 중국의 안보에 위협을 준다가 8.89%, 위협을 줄 수도 있다가 40%, 확실하지 않다가 24.44%, 위협을 주지 않을 것이다가 26.67%였다. 이러한 결과는 중국의 한반도 전문가들이 중국의 한반도에 대한 국가이익이 침해받을 가능성이 있는 통일보다는 안정적 현상유지 정책을 선호하고 있음을 보여주고 있다.

왕린칭[9]은 현 시점에서 볼 때 중국은 경제적 관점에서도 지정학적 관점에서 다 같이 북한을 버릴 이유가 없다는 점을 강조하고 있다. 그는 미국이 중국과 가까워질수록 중국이 받는 전략적 압박감 또한 그만큼 커진다고 보면서 북한의 존재는 중미 간의 거리를 넓혀 중국에게 어느 정도 전략적 지탱지 역할을 하고 있다고 보고 있다.

그는 또한 시진핑 주석이 한반도의 자주 평화 통일의 최종적 실현을 지지하며 이것을 위해서 적극적인 역할을 발휘하도록 하겠다고 강조한 것은 결국 한반도의 급격한 통일보다는 상당 기간 동안 화해 협력하면서 평화공존 한 이후 점진적인 통일을 해야 한다는 것을 의미한다고 보고 있다.

물론 중국이 기존의 입장을 조금씩 바꾸어 자주적이라는 전제가 있

---

8) Sunny Lee, op. cit., p.5.
9) 왕린창, 앞의 글, pp.16~17.

기는 하지만 남한 주도의 통일을 인정할 수도 있다는 견해도 있다.[10] 김흥규는 한반도가 통일되면 중국에게는 북핵 문제의 해결, 한반도 경제권과의 교류협력 사업 확대와 미국의 한반도에 대한 영향력의 감소 등 지경학적 이익, 대만과의 통일협상 명분 확보 등의 이점이 있다고 주장하고 있다.[11] 그러나 아직 이러한 견해는 사실에 기반하고 있기보다는 희망적 예측에 더 가까운 듯하다.

결국 이 시점에서 중국은 한반도의 통일보다는 남북한의 화해와 교류 협력, 그리고 신뢰구축과 평화를 제도화, 즉 한반도의 안정적 현상유지정책을 더 선호하고 있다.

III. 통일의 대내적 환경

앞서 지적한 바와 같이 한반도의 분단과 통일의 문제는 체제와 이념의 문제(남북한 간의 갈등과 대결)인 동시에 강대국과 우리 민족이 연계된 민족의 문제이다. 즉 남북한 문제이면서 국제문제이기도 하다. 따라서 한반도의 통일은 베트남과 독일의 통일과정보다 훨씬 복잡하고 어려울 수밖에 없다.[12]

분단 베트남의 경우는 체제와 이념의 문제라기보다는 베트남 민족과 강대국이 연계된 성격이 더 큰 문제였다. 결국 강대국과의 전쟁을 통해서 이 문제를 해결하고 통일할 수 있었다. 반면 분단 독일은 체제

---

10) Kim, Heung-Kyu, op. cit; Shnnon Tiezzi, "How China Could Benefit from a United Korea," *The Diplomat*, January 14, 2014.

11) Kim, Heung-Kyu, pp.239~240.

12) 도진순, 『분단의 내일 통일의 역사』 (서울: 당대, 2001), p.110.

와 이념의 문제가 더 강한 분단이었기 때문에 세계적 차원의 냉전이 해소됨으로써 통일할 수 있었다. 분단 70년을 앞 둔 이 시점에도 한반도 통일의 대내적 조건은 대외적 조건 못지않게 충족되지 못하고 있다.

분단 이후 남북한은 끊임없이 통일을 말해 왔다. 그러나 6.15 공동선언 2항(남과 북은 나라의 통일을 위한 남측의 연합제와 북측의 낮은 단계의 연방제 안이 서로 공통성이 있다고 인정하고 앞으로 이 방향에서 통일을 지향시켜 나가기로 하였다)이 나오기 이전까지만 해도 남북한은 각기 상용성(compatibility)이 없는 배타적 통일논리와 방안을 제시해 왔다.[13]

분단 초기 남한은 한반도 유일 합법정부론을 내세워 제헌국회에 남겨둔 100석의 의석을 북한에게 주는 일종의 흡수통일론을 고집했고 북한이 거부하자 무력북진통일론을 주장했다. 북한 역시 남북 제 정당 사회단체 연석회의 결의에 따라 한반도 전역에서 선거가 실시되어 합법적 통일정부가 수립되었기 때문에 자신이 중앙정부임을 강조하고 남한정부를 인정하지 않는 자주통일론과 민주기지론을 내세우면서 미군철수 및 남한정부를 배제한 총선거 안을 제시했다.

결국 이러한 배타적 통일론은 북한의 선제공격에 의한 전쟁으로 비화되면서 남북 간의 불신과 갈등은 더욱 더 심화되어 갔다. 따라서 이후 남북 간의 통일방안도 자신의 체제와 이념으로 상대방을 흡수하거나 상대방 제안에 대한 대응 또는 대외적으로 자신의 입장을 정당화하거나 홍보하는 것뿐이었다.

탈냉전과 데탕트 분위기에 편승해 남북대화가 시작되고 7.4 남북공

---

13) 이에 대한 자세한 논의는 최완규, "남북한 통일방안의 수렴 가능성 연구: 연합제와 낮은 단계의 연방제," 『북한연구학회보』 제6권 제1호, (2002), pp.5~35; 심지연, 『남북한 통일방안의 전개와 수렴』 (서울: 돌베개, 2001), pp.17~102 참조.

동성명을 통해 통일의 3대 원칙(자주 · 평화 · 민족대단결의 원칙)이 나오고 구소련을 비롯한 사회주의권 국가의 변화와 붕괴 여파로 북한이 고수해 온 하나의 조선론을 사실상 포기하면서 남북한이 유엔에 가입하게 되고 남한의 입장이 보다 더 반영된 남북기본합의서가 나오게 되었다. 이로써 이른바 남북한 화해 협력의 시대가 시작되었다.

그러나 이 시기에도 북한은 연방주의적 방식은 통일을 선호한 반면 남한은 기능주의적 방식의 통일을 주장해 왔다. 또한 표면적으로는 쌍방 모두 평화적 방식의 통일을 주장하지만 실제는 자국의 이념과 체제로 상대방을 편입시키는 흡수통일을 상정하고 있었다.

북한은 고려민주연방공화국 통일방안에서 현 남한정부의 퇴진을 전제조건으로 삼았다. 남한 역시 민족공동체 통일방안에서 최종 통일단계는 자유민주주의체제의 실현이라고 주장함으로써 사실상 흡수통일을 인정하고 있다.

현재의 대내외적 상황하에서 남북한 어느 일방에 의한 흡수통일은 전쟁 또는 내부 모순에 의해서 남북한 중 어느 일방이 붕괴되어 타방에 의해 통합되는 경우를 제외하면 불가능하다. 우선 무력통일은 당위와 명분 그리고 실행 능력 모두에서 불가능하다. 어느 일방의 붕괴 또한 한반도 주변 강대국들 간의 이해관계로 볼 때 붕괴로 치닫는 상황을 방치하기 어렵다. 따라서 남북한이 그동안 내세워 온 통일론과 방안은 실천적 차원보다는 정치적 수사로서 성격이 농후하다.

요컨대 이 시점에서 남북한이 무력 수단이든 평화적 방식이든 1민족 1국가 1체제 1정부 방식의 단일국가체제를 건설하는 방식의 통일은 불가능하다고 보아야 한다. 남북한의 통일론이 오랫동안 동어반복의 우를 범한 주된 이유도 이러한 현실을 솔직하게 인정하지 않았기 때문이다.

Ⅳ. 통일논의의 인식 전환과 실천 가능한 평화통일 모델

미국과 중국을 비롯한 한반도 주변 당사국들이 묵인하거나 동의할 수 있고 남북한이 합의할 수 있는 한반도 통일은 통일을 단일국가체제의 수립으로만 보는 고정관념으로부터 해방될 때부터 시작 될 수 있다. 미국과 중국이 동북아지역에서 기존의 적대와 경쟁의 관계를 넘어 새로운 대국관계를 정립하고 비핵화 된 통일한반도 구상을 위한 공조 전략을 만들어 내지 않는 한,[14] 우리는 미국에게 좋고(benign to US) 중국에도 좋은(benign to China) 단일국가 방식의 한반도 통일은 있을 수 없다.

또한 남북한의 정치 및 경제체제의 상용도(compatibility)가 매우 높은 수준으로 접근하지 않는 한, 남북한이 정치권력의 차원에서 공유할 수 있는 이익은 있기 어렵다. 왜냐하면 남북한은 체제와 이념을 달리하는 같은 민족 간의 대결과 갈등이기 때문에 대결과 갈등 본질이 정치적인 것이다. 따라서 통일 이후의 정치 공간에 남북의 핵심 정치세력이 함께 참여할 수 있는 여지가 없기 때문이다.

따라서 남북한 모두에게 대내외적으로 실천이 가능한 통일의 카드는 매우 제한적인 것이다. 역설적으로 완전한 통일을 말하지 않는 통일만이 진정한 통일의 시작이 될 수 있다. 즉 바람직한 통일은 "남북한 체제를 빨리 해체하는 것이 아니라 독립적인 두 국가실체를 인정하고 각 체제가 더 자주적이고 강한 생존력을 갖도록 발전시키는 것"[15]이다.

---

14) 이러한 주장은 Henry Kissinger, *World Order* (New York: Penguin Books, 2014), pp. 228~233을 참조.
15) 최장집, "한국의 통일: 조건과 전망," 『열린 지성』 (1997), p. 157.

요컨대 현 시점에서 현실적으로 실천이 가능한 통일은 통일에 대한 통념을 바꾸어야 한다. 즉 통일은 단일국가체제 수립[16]만을 의미하는 것이 아니라는 사실을 인정하면서 통일목표를 최소화 시키는 발상의 전환이 필요하다. 남북한 모두에서 급진적 통일보다 현실을 인정하면서 점진적 단계적인 부분 통일의 필요성을 인정하기 시작했다. 6.15 공공선언 2항은 이러한 상황을 부분적으로 반영한 것이다.

사실 지금 북한이 내심 가장 두려워하고 있는 것은 남한이라는 대안 국가에 의해 자신들이 흡수통일 당하는 것이다. 표면적으로는 통일을 다른 어떤 국가적 목표보다 강조하고 있지만 실제로는 남한과 '동등'한 입장에서 최소한의 통일 명분을 달성하면서 현상을 유지하는 것이다.

이러한 현상은 북한이 1980년대 중반 이후 연방제 안을 그 이전과 달리 패권 내지 혁명전략보다는 현상 유지전략의 일환으로 활용 하려는 태도에서 엿볼 수 있다. 북한의 이러한 태도를 지금까지 계속견지 해오고 있다. 예컨대 김일성은 1988년 신년사에서 "조국통일문제는 누가 누구를 먹거나 누구에게 먹히는 문제가 아니고 일방이 타방을 압도하고 우세를 차지하는 문제"[17]도 아니라고 하는 한편 "북과 남이 서로 상대방을 인정하는 기초위에서"[18] 통일할 것을 강조했고 남북공존의 필요성을 제기하면서 통일의 최종 형태로서 연방제를 단계적 연방제론으로 수정할 있음을 천명하였다. 즉 지역정부에게 외교권과 국방권

---

[16] 일반적으로 국가 간의정치 통합의 형태는 통합의 정도에 따라서 1. 다원적 안보공동체, 2. 공동시장, 3. 국가연합, 4. 단일국민국가(연방제) 등을 들 수 있다. 그런데 통합의 과정은 다원적 안보공동체로 시작해서 단계별로 한 단계 한 단계 진전될 수도 있고 단절적으로 한 두 단계를 뛰어 넘어 최종 통합의 단계인 단일국가로 이행 될 수도 있다.

[17] 『로동신문』, 1988년 1월 1일.

[18] 위의 신문.

을 보유하는 일종의 국가연합적 성격의 통일을 수용할 수 있다는 입장을 보였다.

1991년 신년사[19]에서는 제도 통일의 위험성을 강조하면서 통일의 최종 형태로서 연방제를 단계적 연방제론으로 수정할 있음을 천명하였다. 즉 지역정부에게 외교권과 국방권을 보유하는 일종의 국가연합적 성격의 통일을 수용할 수 있다는 내심을 보였다.

이러한 현상은 김정일 시대에 들어와서도 그대로 재연되었다. 김일성 사망·이후 북한의 기존 통일논리와 방안은 국제적 고립과 경제파탄, 남한과의 국력 격차의 심화 등으로 현실적합성을 상실하였다. 따라서 통일보다는 체제생존에 골몰할 수밖에 없는 상황에 직면했다. 김정일은 1997년의 [8.4노작]에서 제도의 통일보다는 민족의 단합과 통일을 강조한 이래 1998년 발표한 민족대단결 5대 방침에서도 이를 재확인하였다.

북한은 이러한 궤도 수정을 통해서 과거의 연방제보다 단계론적 성격을 갖는 낮은 단계의 연방제 안을 개념화했다. 이 방안은 "하나의 민족, 하나의 국가, 두 개의 제도, 두 개 정부 원칙에 기초하되 북과 남에 존재하는 두 개 정부가 정치, 군사, 외교권 등 현재의 기능과 권한을 그대로 갖게 하고 그 위에 민족통일기구를 내오는 방법으로 북남관계를 민족공동의 이익에 맞게 통일적으로 조절"[20]하는 것으로 해석된다. 이것은 무늬만 1국가 방식을 고수할 뿐 내용상으로는 현 북한체제를 유지하면서 통일의 명분만을 잃지 않으려는 고육지책으로 보인다.

이러한 일련의 사실들을 고려할 때 미국과 중국을 비롯한 한반도 주

---

19) 『로동신문』, 1991년 1월 1일.
20) 『로동신문』, 2000년 10월 9일.

변 당사국들이 동의 내지 묵인할 수 있고 남북한 간의 합의가 가능한 새로운 통일의 형태는 단일국가 건설이 아니라 새로운 민족공동체를 형성하는데 두어야 한다. 이러한 공동체의 형태는 다음의 두 가지 형태를 상정해 볼 수 있다.[21]

1. 한반도 경제권(공동시장, 경제공동체)과 평화체제(공동안보체제)의 동시적 구축

우선 공동시장의 원형은 19세기 통일이전의 여러 개의 독일 국가들 간의 관세동맹, 20세기의 유럽 경제공동체(EU의 전신), 아세안(ASEAN), NAFTA 등을 들 수 있다. 공동안보체제의 원형은 체제 구성 국가들이 각기 국가 주권을 포기하지 않고 공동의 안보를 위해서 특정 부분에서 협력 내지 연합하는 것이다. NATO나 SEATO 등이 전형이다.

통합의 단계로만 보면 공동안보(다원적 안보체제, 집단안보체제, 협력안보체제 등)체제의 형성 다음 2단계로 공동시장으로 통합이 진전되는 것이 통례이다. 그러나 남북한 간의 군사적 대치와 긴장이 매우 높고 분단 및 대립체제가 고착화되었기 때문에 1단계와 2단계 통합을 동시적으로 추진하거나 먼저 경제교류와 협력 사업을 활성화하여 신

---

21) 최완규, "민족통일의 조건과 전망," 건국대 대학원 학술단체연합회 편, 『새 천년 사회과학의 신 패러다임』(서울: 오름, 2002), pp.11~36; 함택영, "남북한 통합과정 모델 비교분석," 『한국과 국제정치』 제16권 제1호, (2000); Ohmae Kenichi, *The End of Nation State: The Rise of Regional Economies* (New York: The Free Press, 1995), pp.79~100; 임혁백, 『한반도와 동아시아의 안보와 평화』(서울: 한울, 2014), pp.203~207; 양길현, "신 남북시대의 평화공영과 연합제. 낮은 단계의 연방제," 『국가전략』 제7권 4호, (2001년 겨울호); 최완규, "남북한 통일방안의 수렴 가능성 연구"; Han S. Park, "A Legitimate Spell for the Low-level Federation or Commonwealth," *Peace and Democracy in the Korean Peninsula* (Seoul: The KIm Dae-Jung Peace Foundation, 2001), pp.11~24.

뢰를 구축한 다음 평화체제(공동안보)를 구축하는 것이 더 현실적일 수 있다.

남북한은 이미 1991년 체결한 남북기본합의서 제3장(남북 협력, 교류) 15조 "남과 북은 민족경제의 통일적이며 균형적인 발전과 민족전체의 복리향상을 도모하기 위하여 자원의 공동개발, 민족내부 교류로서의 물자 교류, 합작 투자 등 경제협력과 교류를 실현 한다"를 통해 한반도경제권의 형성의 토대를 마련했다.

남북한은 이러한 입장을 2000년 [6.15 공동선언] 4항 "남과 북은 경제협력을 통하여 민족경제를 균형적으로 발전시키고 사회, 문화, 체육 보건, 환경 등 제반 분야의 협력과 교류를 활성화하여 서로의 신뢰를 다져 나가기로 하였다"를 통해 재차 확인하였다. 이후 개성공단사업과 금강산 관광사업 부분적 철도연결 사업 등을 통해 교류 협력 사업을 구체적으로 실천한 바 있다.

공동시장을 통한 한반도 경제공동체 통합구상은 [10.4 선언]으로 본격화되는 듯 했으나 보수정부인 이명박, 박근혜 정부가 들어오면서부터 표면적 수사와는 달리 정체되는 양상을 보이고 있다.

그러나 남북한의 경제구조를 감안할 때, 쌍방의 최고 지도자들이 결단한다면 북한의 경제난을 큰 정치적 부담 없이 해소할 수 있고 남한은 일부 자원의 원활한 조달과 한계에 직면한 노동집약적 소비재산업이나 중 저급 수준의 생산재 산업도 부활시킬 수 있다.

만약 공동시장을 통해 남북한의 경제교류 협력 사업이 본격화되어 상호 의존성이 심화된다면 경제협력을 통한 신뢰의 축적으로 군비 통제 및 군비축소를 진전시킬 수 있는 공동안보의 기반도 구축이 가능하게 된다. 이것은 결국 한반도 평화체제 형성으로 선순환 될 수도 있다. 이러한 통합의 과정이 순조롭게 진행된다면 이것은 통합의 다음 단계라 할 수 있는 국가연합으로 연결될 수 있을 것이다. 즉 경제 통합과 초보적 수준의 정치통합의 연계 고리를 만들어 낼 수 있다.

2. 통일의 최고 목표를 우선 연합과 연방의 중간적 단계 정도를 설정하는 방식

다소 논란의 여지는 있지만 이 시점에서 현실적으로 실현 가능한 통합의 최고 단계는 남한 측 통일방안의 2단계인 남북연합과 북한 측 통일방안인 고려민주연방제 수정안인 낮은 단계의 연방제를 수렴시키는 것이다. 이미 남북한 쌍방은 정상 간 회담을 통해서 두 방안의 공통성을 인정하고 이 방향에서 통일을 추구해 나가기로 합의 한 바 있기 때문에 접점 모색이 가능하다고 볼 수 있다.

그렇다면 이 두 방안은 구체적으로 어느 수준에서 수렴될 수 있는 것인가? 남북한 모두 [6.15 공동선언]이 발표된 이후 더 구체적으로 통일조항(2항)에 대해서 논의 내지 협상을 진전시킨 경험이 없다. 따라서 발표 직후 한 동안 논의된 내용을 중심으로 수렴의 정도를 분석해 볼 수 있다.

발표 직후 남북한의 공동선언 2항에 대한 설명과 해석은 쌍방 간 합의에도 불구하고 엇갈리는 측면이 많다. 특히 남한 측은 전체주의 사회인 북한과 달리 정부와 보수 및 진보진영의 평가가 다르게 나타났다. 친여 진보 진영에서는 "남측이 북의 연방제 안에 접근한 것이라기보다는 북측이 현실적인 통일경로로서 국가 연합 안을 이해하기 시작한 것"[22]으로 보면서 긍정적으로 평가하고 있다.

---

22) 김근식, "연방제와 연합제의 공통성 인정: 통일 접근방식과 평화공존에의 합의," 『아태평화포럼』 제39호, (2000년 7월호), p.15. 김대중 대통령도 방북 성과 대 국민 보고

다른 한편에서는 낮은 단계의 연방제란 1민족 2국가 2제도인 연합제와는 달리 1민족 1국가 2제도인 만큼 기본적으로 대한민국이 주권국가로서 더 이상 존재하지 않는 상황을 만들어 낼 수 있기 때문에 위험하다[23]는 비판적 견해도 있었다. 또 다른 한 쪽에서는 두 안은 형식상 공통성을 갖고 있으나 기능적 조응성은 없다는 견해도 있었다. 즉 연합제는 통일 전의 상태를 말하지만 낮은 단계의 연방제는 통일의 상태를 의미한다는 것이다.[24]

남한과 달리 북한 측은 시종 일관 연합－낮은 단계의 연방제의 공통성 문제를 1국가 틀에서 설명하고 있다. 북한 측에 의하면 "〈련방 련합제〉가 고려련방제를 포기하고 남〈한〉의 련합제를 수용한 것이라는 주

를 통해 "2항은 우리가 주장해 온 남북연합입니다. 즉 2체제 2정부를 현재 그대로 놔두고 남북 양측에서 수뇌회의를 구성하고 장관 각료회를 구성하고 국회 회의를 구성하고 이렇게 해서 서로 합의기관을 만들어 차츰차츰 모든 문제를 풀어나가지 하는 것이 우리의 연합제입니다"라고 강조했다. 최원기, 정창현, 『남북 정상회담 600일』(서울: 김영사, 2000), p.359. 양길현 교수는 "남북연합, 낮은 연방은 당장 하나의 통일된 단일민족국가로 나아간다는 국가 중심적 사고에서 벗어나 일차적으로 연합－낮은 연방을 통해 국가의 역할 변화와 성격 변화를 동시에 추구해 나감으로써 통일문제에 실사 구시적으로 접근한다는 민족사회 중심적 생존 전략이라는 특성을 더 강하게 보여주고 있다"고 강조하고 있다. 양길현, "신남북시대의 평화공영과 연합제－낮은 단계의 연방제," 『국가전략』 제7권 4호, (2001), p.67.

[23] 정용석, "김대중은 과연 자유 통일을 지향하나," 『월간 조선』, 2001년 8월호. 김영진 교수는 한 미국 신문의 컬럼을 통해 "김대중 대통령은 두 주권 국가 간의 연합이라는 남측 안과 두 개의 지역정부로 구성되는 단일 주권국 안인 북 측의 고려연방제 사이에 공통성이 있다고 인정하고 이 방향에서 통일을 지향시켜 나가기로 한 최초의 남한 대통령이 되었다고 지적하면서 동시에 역대 남한 대통령들은 북한의 통일방향을 수용하지 않으려 했고 그것이 정상회담의 최대 걸림돌이었다"고 지적함으로써 정상회담이 가능했다는 것은 김 대통령이 북한의 연방제를 수용했기 때문이라는 암시를 주고 있다. Young C. Kim, "After Korean Summit: Can the two Kims deliver on their Promises," *Washington Times*, 11, September, 2000.

[24] 박건영, "3단계 통일론과 남북정상회담의 합의 추진 방향: 연합제와 낮은 단계의 연방제 간의 공통성을 중심으로," 『남북통일방안의 모색』(한국통일포럼, 2000년 7월), p.4.

장이나 고려련방제를 국가련합통일방안과 기능주의적으로 절충한 것이라는 견해는 잘못된 이해"[25]라는 것이다. 그들은 그 이유로서 "80년대 말에서 90년대 초에 걸쳐 제시된 낮은 단계의 련방제는 높은 단계의 고려련방제로 가기 위한 것으로서 고려련방제 통일방안에 포괄되는 것이기 때문"[26]이라는 것이다.

그렇다면 북한은 왜 연합제와 낮은 단계의 연방제가 다르다는 점을 강조하면서도 공통성이 있다고 인정했는가? 바로 이 점을 정확하게 이해할 때 쌍방 방안의 수렴 가능성의 정도를 파악할 수 있다. 사실 북한은 그동안 통일논의에 있어서 정치적으로 일괄 해결 방식인 연방주의적 접근을 선호해 온 반면 남한은 비정치적 영역의 교류 협력의 효과를 다른 부분으로 점진적으로 확산시키는 기능주의적 접근을 선호해왔다. 공동 선언 2항은 말하자면 연방주의와 기능주의적 방식 간의 부분적 만남을 형식적 차원에서 인정한 것이다.

북한은 공동선언 2항에서 언급한 남한 측의 연합제는 민족공동체 통일방안의 2단계인 남북연합보다는 야당 시절 김대중 대통령이 제안(1991년 4월)한 공화국연합제 통일방안의 공화국연합으로 간주하고 있다[27]. 물론 북한도 3단계 통일론의 1단계인 남북연합은 2국가체제임을 인정하고 있다. 그런데 북한이 3단계 통일론에 관심을 갖는 것은 "공화국연합제의 1련합과의 비교 때문"이다. 북한에 의하면 남북연합의 핵심은 "〈1련합기구〉의 구성"[28]이다.

---

25) 장석, 『김정일장군의 조국통일론연구』 (평양: 평양출판사, 2002), p.385.
26) 위의 책. 북한에 의하면 낮은 단계의 연방제는 "하나의 민족, 하나의 국가, 두개 제도, 두개 정부의 원칙에 기초해 북과 남에 존재하는 두 개의 정부가 정치, 군사, 외교권을 비롯한 현재의 기능과 권한을 그대로 내오는 방법으로 북남관계를 통일적으로 조정해 나가는 것"으로 규정하고 있다.
27) 위의 책, p.391.

북한은 1연합기구의 구성상의 특성을 근거로 "낮은 단계의 련방제와 련합제의 공통점은 기본적으로 1국가 2지방정부에 있고 차이점은 낮은 단계의 련방제가 1국가 2체제의 고려련방제의 틀에서 규정된 반면 련합제의 통일국가에 대한 관심은 1국가 1체제 즉 단일체제 하의 련방제의 틀"29)이라고 주장하고 있다.

　　특히 북한은 공화국연합제는 "북〈한〉의 인민공화국과 남〈한〉의 〈대한민국〉 두 공화국이 모여서 하나의 련합을 이루는 것이고 남북은 통일해야 할 같은 민족이기 때문에 서로 영원히 갈라서서 살게 되는 독립국가로 취급될 수 있는 국가련합 명칭은 피하고자하기 때문"30)이라고 한 지적을 근거로 연합제와 낮은 단계의 연방제가 "서로 접근할 수 있는 공통분모"를 밝혀 주고 있다고 설명하고 있다. 또한 1단계 공화국연합제하에서 "남북 쌍방이 가입한 유엔에는 새로 형성된 련합의 이름으로 단독 가입하게 하고 외교, 국방, 내정은 남북의 두 정부가 완전하게 장악하게 하고 있는 점"31)이 낮은 단계의 연방제와 유사하다고 주장하였다. 요컨대 북한은 두 방안의 공통성은 1민족 1국가 2정부라는 사실에 있음을 강조하고 있다.32)

---

28) 위의 책, p.392. 북한은 남북연합을 "최고의사결정기구로서 남북련합정상회의, 대의기구로서 남북련합회의와 남북련합 사무국 그리고 집행기구인 남북련합각료회의 및 분야 별 남북련합위원회를 두어서 분단상태를 평화적으로 관리하고 2단계인 련방으로의 효율적인 진입을 추진하는 것"으로 파악하고 있다.

29) 위의 책, p.392.

30) 위의 책, p.393.

31) 위의 책, p.393.

32) 북한의 공식 설명에 의하면 두 방안의 공통점과 차이점은 다음과 같다. 우선 공통점으로서는 1. 지역정부에 기본 권한을 준다. 2. 민족 공동기구를 창설하여 민족공동기구는 같은 수의 쌍방 대표로 한다. 3. 민족공동기구는 남북관계를 조정하는 기능을 수행한다, 4. 높은 연방제를 지향한다. 차이점으로서는 1. 낮은 단계의 연방제는 협의기구를 구성하며 연합제는 국가기구로 창설한다. 2. 낮은 단계의 연방제에서

북한이 남한 정부가 공식적으로 부인했음에도 불구하고 2항의 연합제가 민족공동체 통일방안의 남북연합이 아니라 김대중 대통령의 재야 시절에 제시한 공화국 연합임을 강조하는 것은 남한 측의 연합제가 1국가를 의미하거나 최소한 1국가를 지향하는 점을 부각시키기 위한 것이다. 특히 남북한이 유엔 가입 이전에 김대중 대통령이 공화국연방제를 언급할 때 제시한 유엔 가입 문제를 마치 공화국 연합제 통일방안의 1단계인 연합단계에 적용한 것은 매우 자의적 해석이다.[33)]

북한의 이러한 주장은 김대중 정부에 의해 수용되지 않았다. 김대중 정부는 공식적으로 2항의 연합제는 민족공동체통일방안의 남북연합임을 밝혔다. 사실 북한은 통일문제를 항상 1국가의 틀에서 다루어 왔지만 남한은 통일문제가 민족문제라는 점에서 1국가의 틀을 명시적으로 부정하지는 않지만 실제로는 2국가의 틀에서 다루어 왔다, 따라서 2항에서 말하는 남한 측의 연합제는 낮은 단계의 연방제와 달리 2국가의 틀이다.

아직 두 방안의 공통성은 매우 추상적인데 반해 차이점은 북한의 주장과 달리 본질적인 것이다. 우선 남한 측의 연합제는 여전히 연합 구성의 근거가 구성국 간에 체결한 조약일 수밖에 없는데 반해서 낮은 단계의 연방제는 통합의 근거가 조약인지 연방헌법인지 불분명하다.

지역정부는 지역 자치정부로 규정되지만 연합제에서는 독립정부로 규정되며 국가로 인정할 때도 있다. 3. 낮은 단계의 연방제가 이루어지면 초보적인 통일로 되나 연합제에서는 이를 과도적 통일로 간주한다. 위의 책, p.394.

33) 그러나 김대중 대통령이 제시한 공화국 연합제 통일방안에서는 공화국 연합으로 남북한이 하나의 국가로 유엔에 재가입하자는 주장을 하지는 않았다. 다만 공화국 연합제 통일방안 이전의 공화국연방제 통일방안에서 "공화국연방은 7천만 한민족을 대표하여 단일 회원국으로 유엔에 가입한다. 이것은 상징성 이상의 큰 의미가 있다" 라고 천명한 바 있다. 이 주장은 월간 『사회와 사상』 창간호, (1988년 9월)에 실린 기고문에 나와 있다. 김대중, 『공화국연합제』 (서울: 학민서, 1991), pp.190~196.

더욱이 최종적으로 상정하고 있는 통일의 형태가 다르다. 남한 측의 연합제는 정부의 공식 통일방안을 수정하지 않는 한 여전히 통일의 중간단계일 뿐이고 낮은 단계의 연방제는 보다 높은 단계의 연방제의 중간 단계이다. 다만 [6.15 공동선언] 2항은 분단 이후 최초로 남북한이 각자의 통일방안의 공통성을 인정했다는 점에서 통일논의사에서 갖는 비중은 매우 클 수밖에 없다.

V. 결론

지금까지의 논의들을 종합해 볼 때, 남북한 모두 현재와 같은 통일의 대내외적 환경과 구조가 지속되는 한 단일국가 방식의 평화적 통일은 현실적으로 불가능함을 알 수 있다. 우선 미국과 중국 모두 한반도의 지정학적 중요성을 감안할 때 통일된 한반도의 중립성을 인정하거나 상대방의 배타적 영향력을 묵인하기 어렵다. 또한 체제와 이념이 다른 같은 민족 간의 분단과 대결 및 갈등 구조가 상존하는 상황하에서는 남북한이 권력 차원에서 공유할 수 있는 이익의 영역이 매우 협소하다. 따라서 이러한 상황이 지속되는 한, 단일국가로의 평화통일은 불가능하다.

그러므로 서로의 체제와 이념이 상당 수준으로 접근해서 체제의 상용도가 현저하게 높아지기 전까지는 통일의 의미와 범위를 축소시켜야 한다. 만약 경제력과 사회 역량 면에서 북한을 압도하고 있는 남한이 먼저 주도적으로 경제협력과 신뢰구축 조치를 시행하면서 강대국들과 적극적으로 한반도의 냉전구조를 완화시키고 정전체제를 평화체제로 전환시키는 노력을 한다면 적어도 초보 수준의 공동시장과 공동안보체제는 만들어 낼 수 있을 것이다. 이 시점에서 보면 이것도 훌륭한 수준의 통일이라고 평가할 수 있다.

남북한이 장기간의 평화공존에 성공하고 남한은 북한의 흡수통일 의혹을 불식시킬 수 있는 조치들(예컨대 민족공동체 통일방안의 일부 수정 등)을 취하고 북한은 연방제에 대한 남한의 불신(연방제는 인민민주의 혁명전략과 통일전선 전술의 수단, 비례성의 원칙 무시 등)을 해소할 수 있는 가시적 조치들을 취한다면 공동시장을 통한 국가연합 수준의 통합은 주변국들의 동의하에 이루어낼 수 있을 것이다.

최근 국제체제 속에서 자취를 감추었던 연합과 연합적 기구들이 새로운 국제정치경제 질서에 부응(경제발전과 환경보호, 안보 해소, 효율적인 용역 제공 등)하기 위해 부활하고 있다. 사실 연합은 보다 견고한 통합 형태인 합병의 위험 없이 연방주의의 이점을 누릴 수 있는 제도이다.[34] 따라서 연합과 연방은 하나의 연속선상에 있는 두 가지 상호 교호적인 존재양식으로 파악할 수 있다.

바로 그러한 관점에서 남한 측의 연합제와 북한 측의 낮은 단계의 연방제는 많은 이질적 요소에도 불구하고 남북한이 최소한의 통일국가의 모자를 쓴 민족공동체적 성격을 띤 통합형태를 만들어내는 접합제가 될 수 있다. 거듭 강조하거니와 단일국가 방식의 평화통일은 남북한의 체제와 이념이 상당 수준으로 접근함으로써 통일 이후 함께 할 수 있는 정치권력의 공간이 마련될 때만 가능하다.

---

[34] 이에 대한 자세한 논의는 Daniel J. Elazar, *Constitutionalizing Globalization: The Postmodern Revival of Confederal Arrangement* (New York: Rowman & Littlefield Publisher, INc., 1998) 참조.

김근식. "연방제와 연합제의 공통성 인정: 통일 접근방식과 평화공존에의 합의." 『아태평화포럼』 제39호, (2000년 7월호).

김대중. 『공화국연합제』 (서울: 학민서, 1991).

도진순. 『분단의 내일 통일의 역사』 (서울: 당대, 2001).

박건영. "3단계 통일론과 남북정상회담의 합의 추진 방향: 연합제와 낮은 단계의 연방제 간의 공통성을 중심으로." 『남북통일방안의 모색』 한국통일포럼, (2000. 7).

심지연. 『남북한 통일방안의 전개와 수렴』 (서울: 돌베개, 2001).

양길현. "신 남북시대의 평화공영과 연합제. 낮은 단계의 연방제." 『국가전략』 제7권 4호, (2001).

왕린창. "한반도의 통일과 중미 대립을 어떻게 볼 것인가." 『통일, 6.15에서 길을 찾다』 6.15 남북정상회담 14주년 기념학술회의 논문집, (2014).

임혁백. 『한반도와 동아시아의 안보와 평화』 (서울: 한울, 2014).

장 석. 『김정일장군의 조국통일론연구』 (평양: 평양출판사, 2002).

정용석. "김대중은 과연 자유 통일을 지향하나." 『월간 조선』 (2001. 8).

조선중앙통신사. 『조선중앙년감 1962』 (평양: 조선중앙통신사, 1962).

최완규. "남북한 통일방안의 수렴 가능성 연구: 연합제와 낮은 단계의 연방제." 『북한연구학회보』 제6권 제1호, (2002).

_____. "민족통일의 조건과 전망." 건국대 대학원 학술단체연합회 편, 『새 천년 사회과학의 신 패러다임』 (서울: 오름, 2002).

최원기, 정창현. 『남북 정상회담 600일』 (서울: 김영사, 2000).

최장집. "한국의 통일: 조건과 전망." 『열린 지성』 (1997).

함택영. "남북한 통합과정 모델 비교분석." 『한국과 국제정치』 제16권 제1호, (2000).

CSIS. *A Blueprint for U.S. policy toward a unified Korea: A working group report of the csis international security program.* Washington, D.C. CSIS, 2002.

Elazar, Daniel J. *Constitutionalizing Globalization: The Postmodern Revival of Confederal Arrangement.* New York: Rowman & Littlefield Publisher, INc., 1998.

Park, Han S. "A Legitimate Spell for the Low-level Federation or Commonwealth: Peace and Democracy in the Korean Peninsula." Seoul: The KIm Dae-Jung Peace Foundation, 2001.

Kissinger Henry. World Order. New York: Penguin Books, 2014.

Pollack, Jonathan D. "China's Views on the Unification of the Korean Peninsula and US- China Relations, KRIS-Brookings Joint Conference on Security and Diplomatic Cooperation between ROK and US for the Unification Of the Korean Peninsula." January 21, 2014.

Chang, Michael H. *U.S. Policy toward the Korean Peninsular Unification: A Cross-Cultural Perspective.* Carlisle Barracks, Pennsylvania: U.S. Army War College, 2009.

Kenichi Ohmae. *The End of Nation State: The Rise of Regional Economies.* New York: The Free Press, 1995.

Lee, Sunny. "Chinese Perspective on North Korea and Korean Unification." KEI Academic Paper Series, January 24, 2012.

Kim, Young C. "After Korean Summit: Can the two Kims deliver on their Promises." *Washington Times,* September 11, 2000.